Die Insel Rügen

Salzwasser

Die Insel Rügen

1. Auflage | ISBN: 978-3-86444-822-5

Erscheinungsort: Paderborn, Deutschland

Salzwasser Verlag GmbH, Paderborn. Alle Rechte beim Verlag.

Nachdruck des Originals von 1925.

Die Insel Rügen

Salzwasser

Grieben-Bücher für Natur und Kunst
herausgegeben von Viktor Goldschmidt

Die Insel Rügen

mit 4 geologischen Abbildungen,
einer botanischen Tafel, 2 zoologischen und
2 kunstgeschichtlichen Abbildungen

Grieben-Verlag
Albert Goldschmidt
Berlin 1925

Die Grieben-Bücher für Natur und Kunst
wenden sich an alle gebildeten Kreise des reisenden Publikums und der wandernden Jugend. Sie wollen dazu beitragen, durch gediegene, auf den „gebildeten Laien" abgestimmte Arbeiten die Kultur des Reisens zu vertiefen. Es kam uns darauf an, die besondere Eigenart einer Gegend, wie sie sich den Augen des Reisenden darbietet, in ihren mannigfachen Erscheinungsformen zu charakterisieren. Bei der Auswahl der Themen bemühten wir uns, möglichst vielen Interessen gerecht zu werden und einen Abriß aller in Betracht kommenden Gebiete zu geben.

Unserem Wunsche entsprechend, ein praktisches Handbuch zur Benutzung auf der Reise zu liefern, das auch all den minderbemittelten Wandervögeln, Studenten, Schülern usw. zugänglich gemacht werden sollte, mußten Umfang und damit Preis möglichst niedrig gehalten werden. So zur Beschränkung gezwungen, glaubten wir aus zwei Gründen am leichtesten auf eine eigene Darstellung der *Geschichte* verzichten zu können: E r s t e n s , weil auf die Geschichte in den beiden Aufsätzen über Volkswirtschaft und Kunst so vielfach Bezug genommen ist, daß alle wesentlichen Ereignisse in die Erinnerung zurückgerufen werden, und: Z w e i t e n s , weil wir das ANSCHAULICHE in den Vordergrund gerückt haben, wie bereits betont worden ist. Ein Abschnitt über Geschichte kann mit weit größerer Befriedigung v o r der Reise zu Hause durchgearbeitet werden als Aufsätze über Geologie, Kunst usw., die gänzlich auf persönliche Anschauung angewiesen sind. Eine besondere Darstellung der *Wirtschafts- und Gewerbegeschichte* unter weitgehender Berücksichtigung der Gegenwart glaubten wir aus diesem Gedankengang heraus vor der reinen Geschichte bevorzugen zu sollen, weil die Erwerbsart der Bevölkerung häufig in innigster Wechselwirkung zur Landschaft steht, von ihr in hohem Maße bestimmt wird und ihrem Gesicht wiederum charakteristische Züge verleiht.

Die Stoffbehandlung zielt darauf ab, einen Gesamtüberblick über das gestellte Thema zu vermitteln, von dem aus Einzelheiten selbständig eingeordnet werden können. Anschauliche Kenntnis des Beschriebenen ist Voraussetzung für das wirkliche Verständnis, ebenso wie die Beschreibung eines einzelnen Natur- oder Kunstdenkmals die Kenntnis des ganzen Aufsatzes voraussetzt. Wo es sich nicht um Durchführung eines Musterbeispiels handelt, können die Sehenswürdigkeiten vielfach nur in einen bestimmten Zusammenhang eingereiht oder bloß durch Aufführung der Besichtigung empfohlen werden. Das gilt in erster Linie für die Kunst, deren Denkmäler besonders zahlreich und individuell sind. Hier ist am wenigsten Anschauung durch Beschreibung zu ersetzen.

Die Aufsätze, die nur Fachleute und bekannte Wissenschaftler zum Verfasser haben, gehen meist über den in der Ueberschrift angedeuteten Rahmen hinaus. So wird in der „Pflanzenwelt" auf Klima und Landwirtschaft Bezug genommen, in der „Tierwelt" auf Viehzucht und Jagd usw.

Literaturangaben weisen denen, die sich eingehender mit dem Gegenstand beschäftigen wollen, den weiteren Weg.

Der Stil ist auf einen allgemein-gebildeten Leserkreis abgestimmt. Er bestrebt sich, weder zu populär noch zu exakt-wissenschaftlich zu sein. In den Arbeiten wurde z. T. weit verstreutes und schwer zugängliches Material zum ersten Mal zusammengestellt und verarbeitet.

Wir hoffen, daß unsere Bestrebungen Anklang finden werden, durch die Vereinigung aller Disziplinen in vorliegender Form eine neue Reiseliteratur zu schaffen, und bitten unsere Leser, uns bei der Ausgestaltung des Werkes durch freundliche Anregungen unterstützen zu wollen.

Der Herausgeber.

Inhaltsverzeichnis.

Seite

Geologie der Insel Rügen. Von Dr. Kurd von Bülow, staatl. Geologe an der Preuß. Geologischen Landesanstalt, Berlin...................... 7

Die Pflanzenwelt Rügens. Von Dr. Kurt Hueck, wissensch. Mitarbeiter an der Staatl. Stelle für Naturdenkmalpflege, Berlin............ 49

Die Tierwelt Rügens. Von Studienrat Dr. H. Fraude, Greifswald................................ 65

Die Bäche und Quellen Jasmunds und ihre Tierwelt. Von Prof. Dr. Aug. Thienemann, Hydrobiologische Anstalt, Plön.................. 75

Rügens Wirtschaft einst und jetzt. Von Hugo Tillmann, Assistent am Staatswissenschaftlich-Statistischen Seminar der Universität Berlin 84

Die Kunst auf Rügen. Von Dr. Hans Engel, Kunstbibliothek, Berlin.......................... 96

Alphabetisches Register......... 114

Illustrationen.

Geologische Abbildungen:
    Abb. 1. Geol.-morph. Skizze von Rügen 9
    Abb. 2. Schema des Aufbaus der Steilküste von Jasmund..................... 31
    Abb. 3. Der Hauptfelsen der Wissower Klinken 31
    Abb. 4. Wie man sich den Bau Rügens zu denken hat..................... 45

Botanische Tafel 50

Zoologische Abbildungen:
    Fig. 1. Die 3 Bachstrudelwürmer 79
    Fig. 2. Die Schnecke 82

Kunstgeschichtliche Abbildungen:
    Das Theater in Putbus.................... 101
    Das alte Badehaus in Putbus.............. 103

Geologie der Insel Rügen

von Dr. Kurd v. Bülow, staatl. Geologe.

I. Rügen, Gestalt und heutiges Bild.

Vorpommerns Küste ist reich gegliedert. Zahlreiche Inseln begleiten sie oder sind ihr durch Moor und Dünen angeschlossen. Die größte unter ihnen, eigentlich ein Archipel von großen und kleinen Eilanden, die teils miteinander verbunden, teils noch selbständig sind, ist RUEGEN: 967 qkm groß ist diese größte und vielleicht schönste deutsche Insel.

Die mehr als 30 km lange und oft nicht mehr als 1 km breite Meeresstraße des STRELA-SUNDES trennt sie vom pommerschen Festland. Eine Reihe kleiner Inseln begleiten sie auf fast allen Seiten: Der DAENHOLM vor Stralsund, die flache UMMANZ und der winzige ORT, das einsame HIDDENSOE liegen westlich der Hauptinsel; der buchentragende VILM im Süden, OIE und RUDEN im Südosten — jede eine Welt für sich, jede auch geologisch in sich geschlossen.

Das Meer ringsum ist flach, am seichtesten gegen das Festland hin: Der GREIFSWALDER BODDEN — ein fast allseitig geschlossenes Binnenwasser — dehnt sich zwischen Rügen und der Küste des Kreises Greifswald, vom weit vorspringenden Südostzipfel der Insel Rügen, Mönchgut, im Osten umfaßt und begrenzt. Sein Boden ist jedoch trotz der geringen Tiefe reich geformt und läßt die Landschaftsform des Festlandes erkennen. Auch im Westen ist die See flach: Der KUBITZER BODDEN, zu dem sich das Nordende des Sundes erweitert, der BODDEN VON SCHAPRODE zwischen Hiddensoe und Rügen erreichen nur in seltenen Fällen 3 bis 5 m Tiefe. Der PLANTAGENET-GRUND liegt westlich von dem Nordteil der Insel. Größere Tiefen finden sich erst nördlich von Rügen, sowie im Osten, wo sich längs der ganzen Küste eine tiefere Rinne hinzieht, die die alte Mündung des Oderstromes ist.

Wie ein Stück des festen Landes, das zum Teil überschwemmt ist, liegt Rügen vor Pommern, gegen

Geologie

die offene See hin verhältnismäßig steil abbrechend vom Festland nur durch flache Meeresteile getrennt Es macht den Eindruck, als wäre Rügen ins Meer gesunken, und nur die höchsten Teile wären dem Tode des Ertrinkens entgangen. Dies sind: Die „Halbinsel" WITTOW im Norden. Ihr äußerstes Kap is ARKONA. Ein schmales Band, die SCHAABE, verbindet Wittow mit dem nächsten Landkern, mi JASMUND, dessen äußerstes Kap die Kreidefelsei von STUBBENKAMMER bilden, das Wahrzeichei Rügens. Wiederum ein seltsam schmaler Wall, di „SCHMALE HEIDE" leitet nach dem nächster Inselkern, der GRANITZ hinüber, einem waldigei Hügelgewirr, das ein fürstliches Jagdschloß krönt Von hier aus hat man einen schönen und überaus lehr reichen Blick über die weitere Umgebung: Das zer rissene MOENCHGUT, das ganz besonders schön di Formen des „ertrunkenen" Landes zeigt, ii dessen Senken und Täler die See eingedrungen ist. In NORDPERD stößt es weit nach Osten, in THIESSOWER HOEFT nach Süden vor. Im Süder findet der Blick den Bodden und die Türme voi Wolgast und Greifswald, gen Westen schweif er über die weite Landschaft um Putbus—Garz-Samtens, die im RUGARD bei Bergen mit mehi als 90 m Höhe gipfelt und als größter „Inselkern' gleichsam den Körper Rügens bildet, an den di übrigen Kerne wie bizarre Glieder geknüpft sind Während die Ost- und Südküste der Inse mehrfach geschweift ist, indem weite, flach geschwungene Wieken zwischen die Landkerne eingreifen, ist die Westküste weit verwickeltei gestaltet. Wenn auch das langgestreckte Hiddensoe wie eine glatte Mauer die Inselgruppe gegen die Ostsee hin abschließt, so greift diese doch hinter dem Eiland ungeheuer weit in die Hauptinsel hinein: Zahllose Bodden trennen Wittow—Schaabe—Jasmund—Schmale Heide vom Körper der Insel ab und nähern sich der Ostküste gelegentlich bis auf wenige 100 Meter. Von der Mannigfaltigkeit der Küstenlinie dieser Binnengewässer vom Rassower Strom und Wieker Bodden, vom Breetzer Bodden über den von Breege und den Tatzitzer See bis zum großen und kleinen Jasmunder Bodden kann nur ein Blick

Gestalt und heutiges Bild

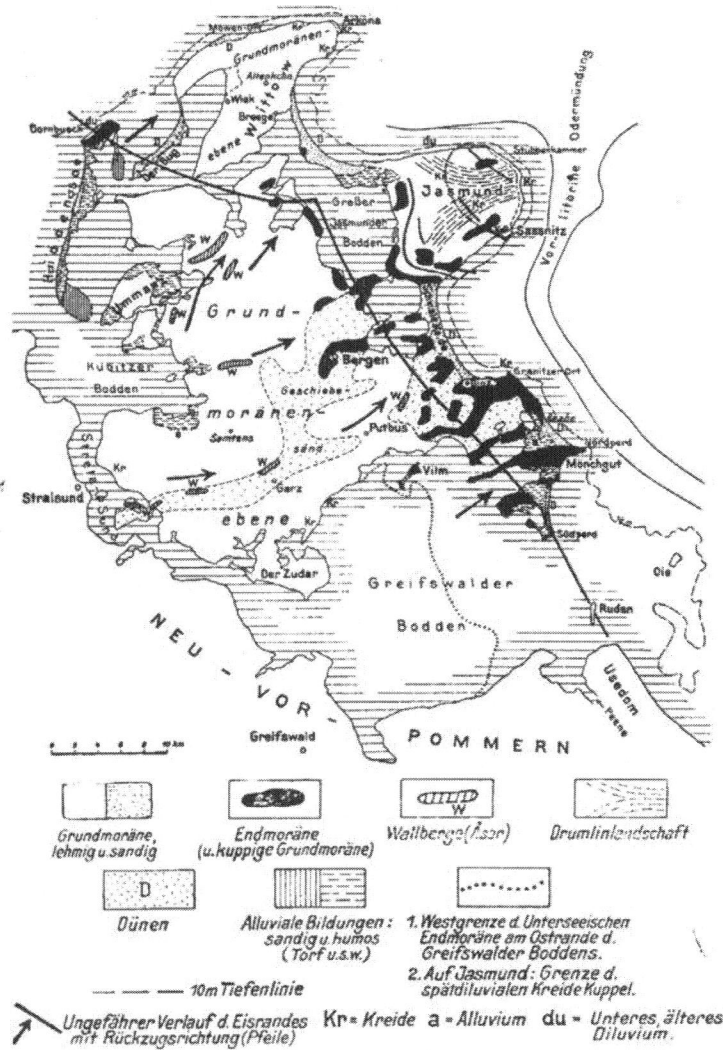

Abb. 1. Geologisch-morphologische Skizze von Rügen.

auf die Karte eine Vorstellung vermitteln. Der Name Rügen soll ja „zerrissenes Land" bedeuten.

Wer die Karte aufmerksam betrachtet, wird bemerken, daß im Vorstehenden nur die allerwichtigsten Teile Rügens erwähnt worden sind; er wird noch eine Reihe kleinerer Inseln entdecken und auch landfest gewordene Inseln, die man in ihrer nunmehrigen Gestalt nach dem Sprachgebrauch als Halbinseln bezeichnen muß. So besonders im Süden, wo z. B. der ZUDAR weit in den Bodden hinein bis PALMERORT vorspringt, im Südwesten gegenüber Stralsund, an der ganzen Westseite der Insel und in den Binnenbodden.

Immer wieder drängt sich beim Studium der Karte, beim Durchwandern des Ländchens ein **scharfer Gegensatz** auf: **Die hügeligen scharf begrenzten Inselkerne**, gleichsam die Gipfel des versunkenen Landes: Wittow, Jasmund, Granitz, fünf Berggruppen von Mönchgut, der Hiddenseer Dornbusch und der Hauptkörper Rügens, der sich vom Strelasund und vom Greifswalder Bodden bis zum Breeger Bodden, vom Kubitzer Bodden bis zur Granitz erstreckt, heben sich deutlich von den Strecken **niedrigen Moor- und Sandlandes** ab, die bei einer geringen Senkung des Landes, und seien es auch nur 5 m, völlig verschwinden müßten: Hierher gehören die Landbrücken zwischen den großen Inselkernen, gehört der größte (Süd-) Teil von Hiddensoe (der Gellen) und viele andere mehr. Auch der kleine Vilm würde dann in mehrere winzige Inselchen zerfallen: **Aus Rügen würde eine Gruppe einzelner Inseln werden.**

Wenn wir uns die einzelnen Teile der Inseln ansehen, so finden wir, daß der **Hauptteil Rügens** ein welliges Flachland ist mit einer Anzahl darauf gesetzter Berge: So zwischen Garz und Putbus (61 m), die Granitz (75 m), die Berge um Hagen (58 m), die Prora und Thiessow am kleinen Jasmunder Bodden, der Rugard bei Bergen (90 m), die Patziger Berge (56 m), der Rücken zwischen Grubenow und Breetz (östlich des Breetzer Boddens).

Mönchgut setzt sich aus 5 Kernen zusammen, die alle etwa ostwestliche Längserstreckung haben;

Gestalt und heutiges Bild 11

die langgestreckten, gesetzmäßig angeordneten Rücken Jasmunds sollen unten besprochen werden;

Wittow ähnelt einer schiefgestellten, nach Nordosten aufgerichteten Tischplatte;

der Hiddensoeer Dornbusch (90 m) ist ebenfalls einer schiefen Ebene zu vergleichen, deren höchster Punkt allerdings im Westen liegt und deren Oberfläche in gewisser Hinsicht Aehnlichkeit mit der Jasmunds zeigt.

Wie überall, so werden wir auch hier die allgemeine Erfahrung machen, daß die **Oberflächenform eines Landes in erster Linie eine Folge der erdgeschichtlichen Entwicklung ist**, daß abwechslungsreichen Formen oft genug eine gleich lebhafte und abwechslungsreiche geologische Geschichte entspricht. **Nur die Geologie lehrt uns ein Land in seiner heutigen Erscheinungsform begreifen.** Die Geologie lehrt uns die Entwicklung des Bodens kennen und die Kräfte, die seit Jahrmillionen noch heute an der Umgestaltung des Landes arbeiten.

* * *

Erklärung einiger besonderer Ausdrücke:

Bodden = mehr oder weniger allseitig geschlossener Meeresteil,
Wiek = weitgeöffnete Meeresbucht,
Sund = Meeresstraße
Oie = *Ö* = nordisches Wort für Insel (Hiddensee ist verballhornt aus Hiddensoe, dänisch: Hütteninsel),
Liete = steile Schlucht in der Hochküste,
Ort = *Höft* = Haupt = deutsche Bezeichnung, gleichbedeutend mit dem slawischen *Perd* (Thiessower Höft = Südperd, Göhrener Höft = Nordperd),
Kliff = Steilküste.

* * *

Uebersichtstabelle zur erdgeschichtlichen Entwicklung der Insel Rügen.

Urzeit und
Altertum (Kambrium, Silur, Devon, Karbon, Perm): nichts Sicheres über Rügen bekannt.
Mittelalter (Trias, Buntsandstein, Muschelkalk, Keuper und Jura): nichts Sicheres über Rügen bekannt. Erst im letzten Abschnitt beginnt sich das Dunkel zu lichten:
Kreidezeit:
    Untere Kreide: Keine oberflächlichen Spuren;
    Obere Kreide. Absatz der weißen Kreideschichten im etwa 1500 m tiefen Senon-Meer.

Neuzeit:
  Tertiär:
    Paleozän: Meer über Rügen (Schichten der Oie)
    Eozän: Rückzug
    Oligozän: Vorstoß
    Miozän-Pliozän: endgültiger Rückzug des Meeres
    } Schichten nur als gelegentliche Schollen erhalten
  Quartär:
    Diluvium: dreifache Vereisung Rügens.
    In der letzten Zwischenzeit: Zerstückelung der Kreidetafel („Baltische Brüche").
    Letzte Vereisung und endgültiger Rückzug des Eises in nordöstlicher Richtung
    Alluvium: Landsenkung in der sog. Litorinazeit: Rügen löst sich in zahlreiche Inseln auf: Tätigkeit alluvialer Vorgänge (Nehrungs-, Moor-, Dünen-, Bodenbildung usw.): Die Rügenschen Landkerne werden zusammengeschweißt. (Diese Vorgänge reichen bis in die geschichtliche Gegenwart.)

* * *

II. Die geologische Beschaffenheit und erdgeschichtliche Entwicklung Rügens.

Wenn wir bis in die fernliegenden Zeiten des Altertums oder gar der **Urzeit der Erdgeschichte** zurückgehen, wir werden keine sichere Spur finden, die von Pommern, geschweige denn von Rügen berichtet. Wir müssen annehmen, daß in den Tiefen der Erdrinde die erste Erstarrungskruste des einst erkaltenden Erdballes verborgen liegt. Auf ihr mögen Schichtabsätze der Meere ruhen, die im **Erdaltertum** über unsere Heimat rauschten, mögen die Salzschichten der wüstentrockenen Permzeit liegen, die heute ihren Salzgehalt in Quellen zur Oberfläche senden. Dann mögen über Pommern die Wüstenstürme der Buntsandsteinzeit gegangen sein und das Meer der Muschelkalkzeit, mögen die Gesteine der Keuperzeit ausgebreitet worden sein. Sicheres wissen wir nicht.

Erst die folgende *Jurazeit* hat vielfach Absätze ihrer Meere auf pommerschem Boden hinterlassen. Und nach ihr die *Zeit der Kreide*. In ihrem Beginn ist Pommern Festland gewesen, wurde aber bald von Westen her vom Meere überschritten, das sich stetig vertiefte und gegen **Ende der Kreidezeit**, im *Senon*, seine größte Tiefe erreichte und die wundervoll weiße Schreibkreide absetzte. Dann wich

Erdgeschichtliche Entwicklung Rügens

die See langsam wieder nach Westen zurück und gab das Land frei, auf dem sich nun unter wärmerem Klima die Flora des *Tertiärs* einfand. Auch sie wich wieder höherer Gewalt: Die E i s f l u t des *D i l u v i - u m s* glitt von Norden heran und tötete alles Lebende unter sich. Mehrmals stieß sie vor, um ebenso oft wieder zurückzuweichen. Nach ihr kam der M e n s c h und nahm Besitz von dem Boden, den das nordische Eis geschaffen und geformt hatte: Denn R ü g e n, wie es heute dasteht, ist e i n W e r k d e r E i s z e i t, e i n S c h u t t l a n d a u f a l t e m G e s t e i n s s o c k e l. Doch mit dem Ende der Eisherrschaft war unsere Insel noch nicht fertig; n o c h h e u t e unter den Augen des Menschen wandeln die Naturkräfte das Bild des Landes um, noch heute bewirken Wasser und Wind weitausgreifende Veränderungen, schweißen Inseln zusammen, füllen Seen aus, zerreißen das Land, nagen an ihm — vielleicht bis zum endgültigen Sieg.

Was die Wissenschaft bisher von dem sonnigen Eiland, von seinem Werden im Lauf von Jahrmillionen — denn nach Jahrmillionen rechnet die Erdgeschichte — weiß, das wollen wir nun betrachten, wollen Landschaft für Landschaft der Insel durchwandern, um uns am Schluß ein Gesamtbild vom Hergange der Entwicklung machen zu können.

Wir sagten, daß Rügen eiszeitliches Schuttland sei, ein Teil des gewaltigen Flachlandes zwischen dem Uralgebirge und den Mündungen des Rheins. Die L A N D S C H A F T S F O R M E N solchen Schuttlandes unterliegen nun ganz bestimmten Gestaltungsprinzipien, die im ganzen Gebiet gleich sind:

Stellen wir uns vor, daß von Norden her ein u n - g e h e u r e r E i s k u c h e n, in dem Bestreben, sich auszubreiten, seine Ränder immer näher heranschöbe, daß er schließlich unser Gebiet überkleidet und immer weiter nach Süden vorwärts geht. Wenn er alsdann wieder abschmilzt, so müssen aus ihm alle Schuttmassen, die er auf seinem Wege aufgenommen hatte, austauen: Unter ihm bildet sich ein schmieriger, gleichförmiger Brei von Staub, Sand und Kies mit größeren F i n d l i n g s b l ö c k e n (G e s c h i e b e n), die G r u n d m o r ä n e; wo der Rand des Eises auf seinem Rückweg in die nordische Heimat vorübergehend verharrt, da häufen sich vor ihm langgestreckte Hügelwälle: der Schutt der Endmoräne. Bei langsamem Zurückweichen bildet sich ein Gewirr von Hügeln heraus, die kuppige Grundmoränenlandschaft, die zwischen dem Hügelwall der Endmoräne und der fast tischplatten Ebene der Grundmoräne mitten inne steht. Wo das Eis etwa wieder vorstößt, da formt es die Hügel der Grundmoränenlandschaft in seinem Bewegungssinne zu langgestreckten, einander gleichlaufenden Hügeln (Drumlins) um. Wo sich in seinen Spalten Geröll und Kies häufen, da entstehen lange, schmale Rücken, die rechtwinklig zum Eisrand, also auch rechtwinklig zur Endmoräne verlaufen: Die Wallberge oder Oser (schwedisch = Hügel).

Woher wir wissen, welchen Weg das Eis gekommen ist? Nun, die Findlingsblöcke, die seine Moränen einschließen, haben im skandinavischen Norden ihre Heimat: Sie stammen aus dem nahen Schonen oder dem Inneren Mittelschwedens, von den Ålandsinseln oder der sagenumwobenen Insel Gotland, von Oesel oder aus Finnland.

Mit diesen wenigen Grundbegriffen der „eiszeitlichen Landschaftsformenkunde" (Diluvialmorphologie) ausgerüstet, können wir nun an eine Wanderung durch Rügen denken. Und zwar betreten wir zuerst Hiddensoe, wandern durch die Insel, durchqueren alsdann Wittow, lassen die Schaabe, Jasmund, die Schmale Heide hinter uns und gelangen durch Mönchgut nach der Oie und dem Ruden und durchreisen alsdann den Hauptteil der Insel, den wir das „eigentliche Rügen" nennen wollen.

Hiddensoe.

Die Insel hat eine Länge von rund 17 km. Davon entfallen etwa drei auf den Kern, der sich im Norden der Insel in Nordost—Südwest-Richtung erstreckt und 72 m Höhe erreicht. An diesen alten Inselkern, den DORNBUSCH, legen sich im Süden wie im Osten je ein flacher, sandiger „Haken": dort der GELLEN, der mit fast 15 km die Hauptmasse der Insel ausmacht, hier der Dünenstreifen ALT-

BESSIN mit einer unterseeischen Fortsetzung, der BESSINER SCHAAR, die nur bei Niedrigwasser trocken liegt. Auch der Gellen hat einen ähnlichen Zipfel, den GELLER HAKEN, der auf Ummanz zu nach Osten gerichtet ist.

Der DORNBUSCH ist ein Massiv, das von Osten nach Nordwesten allmählich ansteigt, um dort plötzlich zum Meere hin abzubrechen. Die Oberflächenformen sind die der kuppigen Grundmoränenlandschaft, deren lebhaft bewegte Formen — steile Kuppen, unregelmäßige Senken — hier und da eine gewisse Anordnung erkennen lassen, die auf die Bewegung des darüber hingleitenden Eises zurückzuführen ist. Derartige in der Bewegungsrichtung des Eises liegende Hügelreihen bezeichnet man als „Drumlins". An vielen Stellen, so z. B. am SCHLUCKWIEKSBERG unfern des Leuchtturmes, sowie fast überall in der Nähe der Steilküste lassen sich Spaltenbildungen beobachten, die offenbar noch gegenwärtig andauern und eine Folge der zerstörenden Arbeit der Brandung — zumal an der Westküste — sein dürften. Deshalb ist bei Wanderungen in der Nähe des Steilrandes immer Vorsicht geboten. Die flachen Hänge des Gebietes sind hier und da mit dem Gestrüpp des Sanddornes *(Hippophaë rhamnoides)* bedeckt, der dem Moränengebiet den Namen gegeben hat. Ein Stück Wald am Westrand ist mühsam angeforstet worden und dient als Schutzwehr gegen den von Westen her anwandernden Flugsand, sowie als Schutz gegen Weststürme.

Einen Blick in den inneren Bau des Dornbusches gewährt unter günstigen Umständen die Westküste, d. h. wenn die Brandung neue „Aufschlüsse" geschaffen hat, indem sie den Schutt des Gehänges forträumte. Zwischen RENNBAUM und HUCKE, also etwa am Abbruch des SCHULTERBERGES (nordwestlich von KLOSTER) hat zuerst der schwedische Forscher MUNTHE im Jahre 1896 folgendes Profil (Schichtfolge) beobachtet und beschrieben:

Wenn man von Kloster her den Westrand erreicht, so bemerkt man am Ufer gelben Geschiebemergel*), das ist ein gelblicher, mehr oder weniger sandiger Lehm, der nordische Geschiebe enthält; die Grundmoräne des letzten Eises, das über Rügen hinweggegangen ist. Darunter liegt Ton, geschichteter Sand und wieder Geschiebemergel von der gleichen Beschaffenheit wie der obere. Wieder darunter liegt geschichteter Sand mit zwei, etwa 1 m mächtigen Schichten von Ton, dessen Inhalt an Meeresmuscheln usw. ihn als im Meer entstanden ausweist. Zu unterst liegt schließlich wieder Geschiebemergel, der aber grün- bzw. blaugrau ist, da die in ihm enthaltenen dunklen Eisensalze (u. a. Kieselsäureverbindungen) noch nicht zu Rost (Eisenoxydhydrat) verwittert sind: Das ist die Grundmoräne einer früheren Vereisung, unter der sich wiederum Meereston findet, der z. B. an der HUCKE unmittelbar in der Höhe des Strandes liegt. Da die Sandmassen der Steilküste dauernd abrutschen, so ist es schwer, einen klaren Ueberblick über das ganze Profil zu bekommen. Auch mögen große Verrutschungen die gesamte Schichtfolge in sich gestört haben: Soviel aber ist sicher, daß vor der letzten Vereisung und nach der vorletzten, also in der letzten Zwischeneiszeit, am Dornbusch Meer gestanden hat. Wir haben hier, in der letzten Zwischeneiszeit, den ersten Beweis für das Vorhandensein einer Urostsee. Vielleicht ist der Ton am Strande, der unter dem vorletzten Geschiebemergel lagert, in der vorletzten Zwischeneiszeit entstanden, doch ist dies aus den genannten Gründen nicht mit Sicherheit zu entscheiden. Vielleicht, daß hier einmal ein ganz großer Uferabbruch Klarheit schafft.

Denn die Küste des Dornbusches ist den West-, Nordwest- und Nordstürmen schutzlos preisgegeben. Jahr für Jahr wird, besonders am Nordende, Meter für Meter unterhöhlt und zum Absturz gebracht. Staffelförmig bricht das Land ab, Pyramiden und Pfeiler bleiben stehen, gewaltige Schutthalden senken sich zum Meere hin. Wind und Regen und Frost vollenden das Werk der Brandung und beseitigen Pfeiler und Schutthalden allmählich ebenfalls. Weit

*) Geschiebemergel ist ein „Kalkhaltiger Ton" (= Mergel) mit Sand, Kies und (als besonders auffällig) Geschieben.

hinaus ins Meer reicht das **Blockriff**, das die ehemalige Ausdehnung der Insel kennzeichnet. Denn nur das Gröbste bleibt liegen, während alles Feine und Feinste mehr oder weniger weit fortgespült wird. Grobes Geröll setzt den **Vorstrand** zusammen, der am Fuße des Steilufers liegen bleibt und gemeinsam mit dem Blockriff den Anprall der Brandung etwas mildert. Doch die **Lockerheit** der Gesteinsschichten, die den Dornbusch aufbauen (Sand, Ton, Mergel, Lehm), die den Westwinden dargebotene **Lage** lassen es zu, daß trotzdem immer noch gewaltige Massen (in 30 Jahren einmal 40 bis 50 m!) davongetragen werden, zumal die Tonschichten, wenn sie feucht werden, geradezu als Schmiermittel wirken und die auf ihnen lagernden Schichten abgleiten lassen. Natürlich setzen die verschiedenen Teile der Küste der Zerstörung verschieden starken Widerstand entgegen: So zeigt sich am Westrand ein fast regelmäßiger Wechsel von **vorspringenden Graten** und **zurückspringenden Nischen**.

Wie schon gesagt wurde, bleibt das gröbste Material am Fuße des Steilufers als Vorstrand oder weiter draußen als Blockriff liegen. Das feinere aber: Kies und Sand, trägt der **Küstenstrom** je nach den gerade herrschenden Winden nach Süden davon oder führt es um die Nordspitze der Insel herum und lagert es gleichsam im Schatten wieder ab: Im Süden häuft er es zum **Gellen**, im Osten zum **Alt-Bessiner** Haken an. Die Küstenströmung ist die Bildnerin der sogenannten „Haken", die, ursprünglich sandige Untiefen, allmählich über den Meeresspiegel hinauswachsen. Eine große Anzahl solcher Sandriffe verzeichnet die Generalstabskarte mit dem Vermerk „**trocken bei Niedrigwasser**". Unter diesem Gesichtspunkt erscheint uns der Geller Haken und die Bessiner Schaar als künftige Verlängerung des Gellens bzw. des Alt-Bessiner Dünenwalles.

Nun ist es auch verständlich, warum der **HAUPTTEIL DER INSEL** so flach ist: das Material des zerstörten Dornbusches kann ja vom Meereswasser nicht über seinen Höchststand hinaus aufgehäuft werden. Wo dies dennoch geschehen ist, da war der Seewind die treibende Kraft: So hat er auf dem Südende des Gellens, so zwischen NEUENDORF und VITTE den Sand, den das Meer auswarf, getrocknet und zu DÜNEN zusammengetragen, Wällen von beweglichem Sand, die solange vor dem Winde herwandern, als sie nicht von einer Pflanzendecke festgehalten werden.

Daß der Baustoff des Gellens tatsächlich von Norden her, vom Dornbusch kommt, wird durch zwei Umstände bewiesen: Einmal ist der Sand um Vitte heute schon so humusreich, daß er mit gutem Erfolge beackert werden kann, und zweitens ist der Strand in der Vitter Gegend sehr viel steiniger als etwa um Neuendorf; denn bis hierher vermag die Strömung grobe Gerölle nur noch selten zu tragen.

Die Küstenströmung ist auch die Ursache, daß der Westrand von Hiddensoe (südlich des Dornbusches) völlig glatt und ausgeglichen ist. An der Binnenküste, im Osten, fehlt die Strömung: Hier dehnen sich weite Schilfgürtel in ganz verschiedener Breite aus und halten den von den Wogen angespülten Schlamm und Sand fest und tragen so allmählich zur Neulandbildung bei, kaum gestört durch Brandung und Strömung. Dieser Gegensatz zwischen glatter Außenküste und zerlappter Binnenküste tritt uns auf Rügen immer wieder entgegen. Eine weitere Folge dieser Entstehung ist auch der Umstand, daß die Außenküste sandig ist, da hier Strömung und Wind den Sand herbeitragen, während die Binnenküsten in viel geringerem Maße aus Sand als vielmehr aus Humus bestehen, dem Zersetzungsprodukt der landbildenden Pflanzenbestände.

Da dieser Gegensatz bei der Entstehung des Gellens von Anfang an bestanden hat, so ist es nicht verwunderlich, daß überall neben feuchten humosen Wiesen unfruchtbare Sandbreiten auftreten. Auch diese sind feucht, denn das Land ist flach und das Grundwasser — die unterirdische Fortsetzung des Seespiegels, die Verbindung von Ostsee und Schaproder Bodden — ist überall mit wenigen Spatenstichen zu erreichen. Und wo der Boden eine Vertiefung zeigt, da tritt das Grundwasser als Tümpel zutage; so ist es mehrfach zwischen Neuendorf und Vitte der Fall, und zwar natürlich in der Nähe der Binnenküste. Auch regelrechte Flachmoore finden sich dort: Mit dem Torf*) der Verlanderpflanzen, Schilf usw. ausgefüllte ehemalige Wasserbecken.

Der Haken ALT-BESSIN zeigt ganz entsprechende Verhältnisse, wie es ja bei der gleichen Entstehung auch nicht anders zu erwarten ist. Er wäre wohl längst mit dem ihm gegenüber liegenden Bug verschmolzen, wenn die Fahrrinne zwischen beiden nicht künstlich offengehalten würde.

In der geringen Höhe des Landes über dem Meeresspiegel liegt naturgemäß eine große Gefahr: So wurde die Insel beispielsweise im Jahre 1872 bei PLOGSHAGEN völlig durchbrochen. Ein kunstvoller Steindamm mußte die 11 m tiefe Lücke schließen. Es war die gleiche Sturmnacht, die einen großen Teil des berühmten „Goldschmuckes von Hiddensoe" bloßgelegt hat.

Wie diese Sturmflut ohne das Eingreifen des Menschen eine neue Insel geschaffen hätte, so soll ja auch Hiddensoe einstmals mit dem pommerschen Festlande zusammengehangen haben. Auch sonst ist das Aussehen Hiddensoes von dem heutigen wesentlich verschieden gewesen: An der Stelle des heutigen KARKENSEES auf dem Gellen stand eine kleine Bauernkirche; Urkunden des 13. Jahrhunderts sprechen von Eichenwald und Schweinemast; „Gellen" bedeutet Hirschland; Plogshagen deutet wie alle Ortsnamen mit dem gleichen zweiten Wortsbestandteil auf ursprüngliche Lage im Walde hin; Wallensteins Truppen brannten die letzten Eichenwälder nieder, deren letzte Reste im Sande und im Meere ebenfalls für weitgehende Veränderungen des Eilandes sprechen, sowohl bezüglich seiner Ausdehnung als auch seines Aussehens.

Das „Säute Länneken", wie es seine Bewohner in berechtigter Liebe nennen, hat auch eine Zeitlang, man kann fast sagen, Weltruf gehabt; denn die berühmten Stralsunder Fayencen wurden aus

---

*) Torf entsteht durch besondere Zersetzungsprozesse („Vertorfung") unter teilweisem Luftabschluß unter Wasser aus abgestorbenen Pflanzen.

dem Meereston hergestellt, der an der Dornbuschküste mehrfach aufgeschlossen ist. Dort, wo Alt-Bessin am ENTENDORN ansetzt, stand einst die Tonschlämmerei, die den Rohstoff lieferte. Doch die Verladungsschwierigkeiten waren so groß, daß die Fayencefabrik vor nun mehr als 100 Jahren den Betrieb einstellen mußte.

Im übrigen hat Hiddensoes Boden wohl nur l a n d w i r t s c h a f t l i c h e B e d e u t u n g : Die Oberfläche des Dornbusches besteht aus lehmigem Sand oder fruchtbarem sandigen Lehm, bzw. schwerem Lehm, der Verwitterungsdecke des Geschiebemergels. Gellen und Alt-Bessin sind naturgemäß weniger fruchtbar. Zudem bedingt das hochstehende Grundwasser vielfach Weidewirtschaft. Jedoch kann alter Sand durch den mit den Jahren zunehmenden Humusgehalt, wie in der Gegend von Vitte recht brauchbar werden.

Wittow.

In der Halbinsel Wittow tritt uns ein g ä n z l i c h a n d e r s g e a r t e t e s L a n d s c h a f t s b i l d entgegen, wenn wir von dem Anhängsel im Westen absehen, dem BUG, der oftmals in nur wenigen Metern Breite seinen Haken und seine Dünen nach Südwesten auf die Bessinsche Schaar zu vorschiebt und den WIEKER BODDEN und den RASSOWER STROM im Westen begrenzt. Wald bedeckt seine Dünen, feuchte Wiesen die nicht vom Flugsand überwehten Teile des Hakens. Bei DRANSKE hängt der Bug an Wittow, das hierher einen halbinselförmigen Arm entsendet. Wir sagten oben schon, daß Wittow einer schiefgestellten Platte gliche. Von 2 und weniger Meter Höhe über NN*) im Westen hebt sich die flachgewellte Oberfläche bis auf 30 bis 40 m im Nordosten. Der j ü n g s t e G e s c h i e b e m e r g e l bildet überall die Oberfläche. Außer ihm und hier und da dem G e s c h i e b e s a n d der jüngsten Eiszeit findet sich im Westen kein Gestein, im Nordosten aber hebt sich das GRUNDGEBIRGE heraus: Unter den diluvialen Ablagerungen tritt in der Küste von *Arkona* KREIDE zutage. Während die Oberfläche des Dornbusches einen lebhaften Wechsel

---

*) NN bedeutet „Normal-Null".

von hoch und tief zeigt, ist die Wittower Landschaft der Grundmoränen e b e n e zuzurechnen. In ganz flachen Wellen steigt das Gelände gegen Nordosten zu an. Die Oberfläche bildet fast überall die Verwitterungsschicht des Geschiebemergels, ein fruchtbarer, sandig lehmiger, guter Mittelboden, hier und da etwas schwerer, hier und da leichter, immer aber gut bearbeitbares, ertragreiches Land. Darum finden sich hier alte reiche Bauerndörfer, darum fehlt überall der Wald, von dem sich nur als Rest einstigen Reichtums ein Stückchen am Rande unweit BREEGE erhalten hat.

Der jüngste Geschiebemergel bildet gemeinsam mit geschichtetem, eiszeitlichem Sand auch die ganze N o r d k ü s t e. Nur einmal, am MOEVENORT, trägt er D ü n e n bildungen.

Der Strand und die Ausbildung der Steilküste zeigen mancherlei Verschiedenheiten: Steile Kliffküsten, in denen senkrechte Grate mit dichtbewachsenen Nischen wechseln, mit schmalem, blockreichem Vorstrande werden von flachgeneigten und dicht mit Gestrüpp bestandenen Partien abgelöst. Zu beiden Seiten vom M ö v e n o r t zeigen sich ganz j u n g e Anlandung s erscheinungen, der Vorstrand ist sandig und breit. Auf VARNKEVITZ zu ist der Steilrand zum Schutz gegen die abspülende Tätigkeit der Niederschläge aufgeforstet; bei dem Dorfe selbst wird der Strand kiesig und führt zahllose Findlinge. Bis zum KABELHAUS wird er wieder sandig, im Kliff zeigen sich hier und da einzelne K r e i d e fetzen. Zwischen Kabelhaus und GELLORT bekommt die Küste ein ganz anderes Aussehen, sie ist flach geneigt, dicht begrast und von Runsen regelmäßig durchfurcht, „daß das Kliff fast wie ein großes Wellblechdach aussieht". Denn hier steckt im Boden eine Kreidescholle, deren Neigung mit der des Kliffes übereinstimmt. Am Gellort wird die K r e i d e s e l b s t s i c h t b a r. Von nun an reicht bis GOOR im Süden die berühmte K r e i d e k ü s t e v o n A r k o n a, Deutschlands Nordkap, heute gleich wichtig, wie einst zur Zeit Swantewits und Jaromars.

Der KREIDEHORST VON ARKONA besteht aus m e h r e r e n S c h o l l e n, die von Nordwest nach Südosten streichen. Sie steigen von Süden nach Norden terrassenförmig an. Wo zwei solcher Schollen sich z. B. am Dorf VITT treffen, da hat das Wasser einen bequemen Angriffspunkt und konnte längs dieser Spalte die Vitter Liete (siehe Anm. S. 11) einschneiden. Je nach dem Winkel nun, unter dem die Kreideschollen die Küstenlinie schneiden, entstehen verschiedene Uferformen. Da die **Gellortscholle der Küste parallel** streicht, bildete sich hier eine einförmige Küstenabdachung heraus. Auch die Scholle, die die JAROMARSBURG trägt, verläuft in Nordnordwest-Richtung der Küste **parallel**, wie die fast horizontalen **Feuersteinbänder** in der Kreide erkennen lassen (vgl. hierzu den Abschnitt über Jasmund S. 28). In steilen Abstürzen senkt sich der Fels zum Meer hinab. Tief eingerissene **Schluchten** zertalen den Abhang **vom Lande her**, indem Frost und Regenwasser von hier aus der Brandung in die Hand arbeiten, die am Fuße des Felsens nagt: 1000 m weit erstreckt sich das **Steinriff** Arkonas in die offene See hinaus.

Südlich der Jaromarsburg wird das Ufer von diluvialem, (zwischeneiszeitlichem?) Sand gebildet. Alsdann folgen noch einige **Kreideschollen in der Umgebung von Vitt**. Von GOOR an nach Süden fehlt die Kreide wieder vollständig, der Strand wird breiter, die Blöcke nehmen an Zahl ab. Die Kliffküste zeigt nunmehr „reife" Formen: Die Böschung ist flacher, das Meer erreicht ihren Fuß nicht mehr, da es den Vorstrand allmählich so weit verbreitert hat, daß sich seine Welle bei normaler Fluthöhe auf ihm totläuft. In diesem Zustand wird die Küste nur noch **vom Lande** her durch Regenwasserschluchten, Frost usw. zerstört. Im Gegensatz dazu bezeichnet man eine Küste, die sich noch im **Machtbereich der Brandung** befindet, die noch von den Wogen unterhöhlt und zum Absturz gebracht werden kann, als „**jugendlich**". In diese Gruppe ist die Kreidesteilküste zu rechnen. Die Ausbildung solcher, sogenannter alten Formen hängt nicht so sehr vom zeitlichen Alter der Küste als von ihren Gesteinen und von ihrer Lage zu Wind und Wellen ab: Es ist klar, daß eine Lehmküste sich anders verhalten muß, als

Kreidefels; es ist ebenso klar, daß eine Westküste ganz anderen und häufigeren Stürmen ausgesetzt ist, als eine Ostküste, da ja die meisten unserer Winde aus dem Nordwestquadranten der Windrose wehen.

GOOR ist trotz seiner Lage am Meere eine reine Ackerbausiedlung; denn einmal ist der Strand nur schwer zu erreichen und andererseits ist der Geschiebemergel fruchtbar und ertragreich. Denn von nun an bilden ausschließlich diluviale Schichten das reife Kliffufer, das überall nur verhältnismäßig geringe Neigung hat und bis zum Strande hinab bewachsen ist. Alsdann wird der Strand breiter und trägt östlich von REIDERVITZ terrassig angeordnete F e u e r s t e i n w ä l l e ,   d i e   s i c h   i n   d i e   S c h a a b e   h i n e i n   f o r t s e t z e n .   Von ihnen soll weiter unten gesprochen werden.

Wittow ist eine nach Nordosten aufgerichtete Grundgebirgsscholle, die bei Arkona unter diluvialen Ablagerungen zutage tritt. Doch schon einige Kilometer westlich von Arkona — bei Varnkevitz — wurde sie in einer 40 m tiefen Brunnenbohrung nicht mehr angetroffen, da die eiszeitlichen Schichten nach Westen zu immer mächtiger werden. Im Westen taucht das Land allmählich unter die moorigen Wiesen bei LUTTKEVITZ und senkt sich allmählich ins Meer. M o o r e oder auch nur m o o r i g e W i e s e n sind in dem ebenen, flachen Gelände naturgemäß kaum zu erwarten und in der Tat auch nur wenig vorhanden, da ja wasser s a m m e l n d e Geländeformen wie Mulden, Kessel, geschlossene Täler im scharfen Gegensatz etwa zu Jasmund und anderen Teilen Rügens fehlen.

Wie die Zerstörung des Landes noch heute vor unseren Augen vor sich geht, so auch die N e u b i l d u n g : Anlandungen sind am Bug und am Mövenort zu beobachten. Noch zu w e n d i s c h e r Z e i t muß ganz Wittow e i n e I n s e l gewesen sein; denn der Name jener merkwürdigen Landzunge, die Wittow mit dem übrigen Rügen verbindet: S c h a a b e , bedeutet einen freihängenden „Z a p f e n". Zur Zeit der Besiedelung durch die Wenden, d. h, etwa im 4. nachchristlichen Jahrhundert, muß also die Schaabe etwa die Form des Buges gehabt haben, der ja ohne menschliches Dazwischentreten die andere Seite Wittows wohl auch längst mit der Außenwelt verbunden haben würde. Auch der Name W i t t o w = „L a n d d e r W i n d e" spricht wie viele andere für die Treffsicherheit der wendischen Namengebung, so daß auf solche Namen, soweit sie natürliche Verhältnisse betreffen, im allgemeinen Verlaß ist.

Die Schaabe.

Vom Leuchtturm Arkonas aus hat man einen wundervollen Blick über ganz Wittow, die milchige Trübung des Meeres am Fuße der Kreidefelsen, über Arkonas feuersteinbesäten Vorstrand; man blickt hinüber nach der Kreideküste der weit mehr als 50 km entfernten dänischen Insel Möen und sieht über das seltsame Gebilde, das sich von Wittow in weitem Bogen nach Jasmund hinüberschwingt, die weitoffene TROMPER WIEK von den Rügenschen Binnengewässern trennend: Von REIDERVITZ bis GLOWE zieht sich in 12 km Länge ein d ü n e n b e d e c k t e r H a k e n hin, der nur gelegentlich mehr als 1 km Breite erreicht. Und das ist bezeichnenderweise in der Nachbarschaft einer kleinen diluvialen Insel (Kegelinberg) der Fall. Bezeichnenderweise. Denn wir haben eine t y p i s c h e H a k e n b i l d u n g vor uns, die v o n W i t t o w h e r ihren Ausgang nahm: Am· N o r d e n d e bei Breege—Reidervitz finden sich massenhafte Anhäufungen von Feuersteinen, den widerstandsfähigsten Bestandteilen aus Arkonas Kreide, in Form über- und nebeneinander gelagerter, vom Meere bei Hochfluten ausgeworfener S t r a n d w ä l l e. Vor dem alten, nun der Küste fernliegenden Kliff bei den genannten Dörfern beginnen sie und ziehen sich nach Süden. Allmählich aber tritt an ihre Stelle Kies und schließlich feiner Sand. Auch hier konnte der Seewind den feinen Sand zu einer Reihe von hintereinanderliegenden D ü n e n w ä l l e n aufwehen. Im S t r ö m u n g s s c h a t t e n des eben erwähnten Inselchens konnte der Sand sich ungestört ablagern und außerdem lieferte der Berg selbst weiteres Material zum Aufbau des Hakens. Nur an diesem Berg befindet sich eine einzelne Siedlung: Forsthaus Gelm. Im übrigen ist die Schaabe einsam und menschenleer; denn der Sand trägt nur Nadelwald, der Strand ist für Fischerei wohl zu flach und der Baugrund ist wegen der geringen Höhe des Geländes zu feucht. Bei GLOWE erreicht der Haken den Jasmunder Diluvialkern und w i r d d a d u r c h z u r N e h r u n g, die sich von einem Vorsprung zum anderen schwingt und einen Meeresteil von der offenen See absperrt. Daß dieser Vorgang sich erst in jüngster Zeit abgespielt hat, beweist der N a m e d e s D o r f e s G l o w e (Wendisch = Höft) sowie die Lage des Ortes längs des Randes des Diluviums, die ganz der eines Fischerdorfes am Meeresstrande entspricht. Mit anderen Worten: Die Nehrung ist noch im 4. Jahrhundert nicht „fertig" gewesen. Gestützt wird diese Ansicht durch die nur wenige 100 m breite A n s a t z s t e l l e d e r S c h a a b e b e i G l o w e, denn die Anlandungen südlich von Glowe um WALL herum sind ganz jungen Datums und müssen noch durch Deiche geschützt werden.

In Uebereinstimmung mit unseren Hiddensoeer Beobachtungen befindet sich diese s a n d i g - h u m o s e N e u l a n d b i l d u n g a u f d e r I n n e n - s e i t e d e r N e h r u n g. Die gleiche Erscheinung zeigt die ganze Schaabe: Die A u ß e n küste glatt und sandig, die B i n n e n küste gelappt (Gegend südlich von Gelm!) und von einem Saum von Sumpfpflanzen begleitet.

Jasmund.

Im großen Ganzen ist Jasmund Wittow zu vergleichen, im einzelnen aber weicht es in vielen Punkten von diesem ab: Seine O b e r f l ä c h e n - f o r m e n gehören nicht der Grundmoränenebene, sondern der k u p p i g e n G r u n d m o r ä n e n l a n d - s c h a f t an, deren Kennzeichen der reichste Wechsel von hoch und tief ist. Typisch ist diese Landschaftsform zwischen SAGARD und BOBBIN ausgeprägt, südlich von Sagard auf DWASIEDEN zu, südwestlich von SASSNITZ. Lehrreich in dieser Beziehung ist die Lage von Bobbin, das „Hügel" bedeutet, und seiner hochliegenden Kirche. Anderwärts aber, so im Norden und Nordosten Jasmunds und im Gebiet nordöstlich von Sagard zeigt die Landschaft eine a u f f a l l e n d e R e g e l m ä ß i g k e i t: Erstrecken sich dort die Hügel der Grundmoräne von Osten nach Westen, so hier von Nordosten nach Südwesten, bilden gleichsam einen großen Fächer, der von der Ostküste zwischen Saßnitz und Stubbenkammer ausstrahlt. Besonders schön zeigt die Gegend von NIPMEROW-LOHME diese Landschaftsform und das Gebiet zwischen STUBBENKAMMER und KOLLICKERBACH. Auch die HERTABURG liegt auf einem derartig ostwestlich verlaufenden Drumlinrücken, der wie viele seinesgleichen von abflußlosen Talmulden begleitet wird (vgl. z. B. das Gebiet um den 161 m hohen PIEKBERG!) Diese langgestreckte Talwanne ist zum großen Teil von Moorbildungen ausgefüllt, in ihrem Nordost-Ende aber birgt sie den noch unvermoorten HERTASEE, der früher wegen seines dunkelen Moorwassers den Namen „Schwarzer See" führte. Der See wird von den ihm rings zufließenden Niederschlägen gespeist.

Man hat versucht, die auffallende Regelmäßigkeit im Bau der Landschaft auf Jasmund mit dem Bau des Untergrundes, den man auch hier an der Steilküste untersuchen kann, in Beziehung zu setzen, zumal das Grundgebirge vielfach in den Rücken zutage kommt und bei QUOLTITZ, NIPMEROW und anderen Orten in Kreidegruben ausgebeutet wird. Wir werden weiter unten sehen, daß die Jasmunder Kreidescholle vor dem Herannahen des letzten Inlandeises durch Brüche zerstückelt worden ist. Das Eis mußte also, da es nicht ausweichen konnte, die entstandenen Hindernisse überwinden. Dabei wurden die Kreiderücken in der Bewegungsrichtung des Eises zu langgestreckten Hügeln umgeformt, ähnlich, wie wir uns die Entstehung der Drumlins auf dem Dornbusch zu denken haben. Die Höhen um Bobbin, am DRESCHENBERG südlich von Sagard, bei Dwasieden und zwischen Nipmerow und Stubbenkammer hingegen, die keine bestimmte Orientierung erkennen lassen, sind als Endmoränengebiete, bezw. zum mindesten als kuppige Grundmoränenlandschaften aufzufassen, die den jeweiligen Verlauf des Eisrandes während des Rückzuges bezeichnen (siehe Karte Abb. 1).

Der INNERE AUFBAU der Jasmunder Kreidetafel läßt sich auf einer Küstenwanderung studieren:

Am KOENIGSHOERN, das fast alljährlich Abbruchverluste erleidet, beginnt Jasmunds Küste mit einem niedrigen aber steilen und unbewachsenen Kliff, das von unterem Diluvium, d. h. von blaugrauem Geschiebemergel und geschichtetem Sand gebildet wird. Ein breiter Blockstrand und ein weit ins Meer hinausragendes Steinriff sind Beweise für die erfolgreiche Tätigkeit der Brandung. Bis etwa LOHME hin setzt unteres Diluvium vorwiegend die Küste zusammen. Jedoch sind hier mehrfach Kreideschollen eingelagert, vom Untergrund durch das Eis aufgepflügte Gesteinsmassen. Solche finden sich zwischen RUSCHVITZ und KOOSDORF, bei BLANDOW, am HOELLGRUND und an anderen Orten. Bei LOHME selbst wird der Vorstrand sehr breit und ist mit ganz ungeheuren Mengen aus dem Geschiebemergel des 50 m hohen, bewaldeten, reifen Kliffes ausgewaschener nordischer Geschiebe bedeckt. Solch ein Blockstrand pflegt vollkommen sandfrei zu sein, da die feinen Sandkörner aus den Zwischenräumen der Blöcke hinausgespült werden.

„Oestlich und westlich von LOHME finden wir Abrutscherscheinungen, und zwar in einem Umfang, wie sie auf Rügen sonst kaum zu finden sind. In einer Ausdehnung von hunderten von Metern rücken die Steilufer von Rissen und Klüften durchzogen, nach anhaltendem Regen und zur Zeit der Schneeschmelze dickbreiig quellend gegen das Meer vor. An ihrem Außenrand umsäumt sie ein Wall wild aufeinandergetürmter nordischer Blöcke, die Reste ehemaliger, von den Wellen bereits aufgearbeiteter Uferpartien. Dazwischen liegen teils noch grüne, teils schon vermoderte Baumstrünke. Besonders gut zu beobachten sind diese Erscheinungen zwischen dem HANKENUFER und KRIEVITZ und zwischen LOHME und NARDEVITZ und bei dem Vorwerk KOOSDORF." (G. KUHLMANN).

Wandern wir weiter nach Osten, so kommen wir am Fuße des dichtbewaldeten Kliffes, das hier auch noch aus Schichten des unteren Diluviums besteht, nach STUBBENHOERN und stehen damit am Anfang jenes Teiles der Jasmunder Küste, der mit Recht als der schönste und interessanteste Teil ganz Rügens gilt: Hier beginnt die Herrschaft der WEISSEN SCHREIBKREIDE, die ihr Ende erst jenseits von Saßnitz findet.

Der das Auge immer wieder entzückende Formenreichtum dieser Küste beruht auf einer Reihe von verschiedenen Umständen: Der Gesteinsbeschaffenheit der Kreide (siehe unten) und ihren Lagerungsverhältnissen; der Tatsache, daß die ursprünglich einheitliche Kreidetafel vielfach zerborsten ist, dem Wechsel von Kreidepartien und in diese eingekeilten eiszeitlichen Gesteinsschollen, dem Inhalt der Felswände an Feuersteinbänken, der verschiedenen Stellung der einzelnen Kreideschollen zur Küstenlinie und anderen Umständen. Alle diese Tatsachen haben der gestaltenden Tätigkeit der Brandung und der Bäche aus dem Inneren des Landes die Wege vorgezeichnet. Sie schufen alle Uebergänge von der lotrechten, von der Brandung unterhöhlten Steilküste bis zur schwachgeneigten, bis zum Strande hin bewaldeten Böschung; sie schufen Bastionen und zinnengekrönte Mauern, schufen Pfeiler und Pyramiden, steile Schluchten und massige Schuttkegel.

Da die Kreideschichtung meistens steil landwärts geneigt ist, wie man es am Verlauf der Feuersteinlagen erkennt, so ist es der Brandung ein Leichtes, die Steilküste durch Unterhöhlung zum Absturz zu bringen. Sowohl die *Brandungshohlkehle* läßt sich dort, wo Kreide unmittelbar ans Meer stößt, beobachten, als auch der Absturz großer Uferpartien, der sich besonders im Frühjahr abspielt, wenn Frost und Schneeschmelze das Ufer zerrüttet und aufgeweicht haben. Die abstürzenden Partien werden am Ufer der Steilwand vom Meere aufgearbeitet, das sich dabei oft hunderte von Metern weit hinaus milchig färbt. Oberhalb der Schutthalden bricht die Wand längs Spalten, Frost- und Trockenrissen immer wieder nach, der Schutt häuft sich immer höher auf, immer kleinere Teile der Wand brechen oben ab, so daß schließlich die einst senkrechte Wand zum flach geböschten pflanzenbedeckten Hang wird. Der Vorstrand und die breite, blockbedeckte *Schorre* (Blockriff oder Brandungsterasse, unterseeische Fortsetzung des Strandes) schützen die Böschung vor neuen Angriffen der See. Kommt aber eine besonders starke Sturmflut oder werden die natürlichen Wellenbrecher, die Blöcke der Schorre, künstlich beseitigt, wie es beim Bau des Saßnitzer Hafens in den neunziger Jahren auf weiten Strecken geschah, dann greift die Brandung wieder an, trägt die Schutthalde ab und unterhöhlt von neuem die Kreidewand, um von neuem ein Steilkliff zu erzeugen. Das Ausmaß der Küstenzerstörung wird durch die bis zu 800 m breite Schorre gekennzeichnet, auf der unter Wasser die freiliegende weiße Kreide und ihre Feuersteinbänke zu beobachten sind; denn die Küstenströmung ist hier so stark, daß sie den Felsgrund von Seesand frei fegt, indem sie diesen nach Süden die Küste entlang trägt.

Die Brandung erzeugt glatte Felsmauern (HENGST bei Saßnitz, HOHES UFER, Westhälfte von KLEIN-STUBBENKAMMER); Regenrinnen vermögen sie oben zinnenartig zu zerschluchten (südlich vom Kieler Bach, südlich vom Kollicker Ort); Pyramiden, Pfeiler, scharfe Grate bleiben dort stehen, wo besonders viele Feuersteinknollen den Fels widerstandsfähiger machen oder aber die Neigung der Kreideschichten fast senkrecht ist, z. B. an den WISSOWER KLINKEN und am Ostende von Klein-Stubbenkammer; massige, einzelstehende Klötze bilden sich dort heraus, wo bedeutende Sprünge einzelne Teile umgrenzen und aus dem Verbande herausschneiden (KOENIGSSTUHL, „WITTE PLANKEN" am Aeser Ort u. a.).

Dieser Reichtum an Formen wird durch den Umstand noch vermehrt, daß sich in die Kreide des Jasmunder Ufers zahlreiche SCHOLLEN VON DILUVIALEN GESTEINEN eingelassen finden, die äußerlich durch flachere Böschung und dichte Bewaldung gekennzeichnet sind, die oft fast bis an den Strand herunterreicht. Diese Schollen verlaufen meist schräg zur Küstenlinie. Wenn daher ein Bach, der die leicht schneidbaren Diluvialschichten benutzt, sich einen Weg zum Meere hin zu bahnen, am Ende seines Laufes auf die vorgelagerte Kreidebarre trifft, so muß er diese durchsägen; da die Kreide aber wesentlich widerstandsfähiger ist, als die übrigen Gesteinsmassen, so gelingt dies nur sehr langsam. Infolgedessen steht das **weitausgeräumte Tal** in sonderbarem Gegensatz zu seiner **schmalen Austrittspforte** zum Strande hin. Gelegentlich schneidet ein Uferabbruch sozusagen den unteren Teil eines Bachlaufes ab. Der Bach ist alsdann gezwungen, sich steil einzuschneiden, um das Meer zu erreichen, anderenfalls würde er in einem Wasserfalle zum Strande hin abstürzen. In solchem Falle entspricht also ein anormal steiler und enger Unterlauf einem normalen Oberlauf des Baches.

Es würde zu weit führen, hier die zahlreichen Diluvialschollen **im einzelnen** zu beschreiben. Denn einmal ist es schwer, die beschriebenen Dinge in der Natur bei der stetigen Veränderung gerade der weichen Uferteile wiederzufinden, und zweitens sind sie, zumal in den Arbeiten des Greifswalder Geologen *Otto Jaekel* mit hervorragendem Fleiß und Geschick beschrieben und abgebildet worden. Es mögen daher folgende Angaben genügen:

In allen Schollen treten verschiedene Diluvialschichten — Geschiebemergel und Sand — auf. Und zwar liegen **drei Geschiebemergelschichten gleichförmig auf der Kreide** auf und sind **mit ihr zusammen zerstückelt** und verschoben worden. **Ungestört darüber aber liegt die jüngste gelbliche Grundmoräne.** Das bedeutet mit anderen Worten, daß der gewaltige Vorgang, der die Osthälfte Jasmunds kuppelförmig aufgetrieben hat, wobei die Ränder dieser Kuppel barsten und die einzelnen „Bausteine" gegeneinander verschoben wurden, daß dieser Vorgang sich abspielte, **nachdem die ersten drei Grundmoränen** und die zwischen ihnen liegenden Sandschichten abgelagert worden waren, und **ehe die jüngste** Vereisung ihren Mergel über das nun zerstückelte Land breitete (siehe Abb. 2). Die große Zerstückelung der Rügenschen Kreidescholle (übrigens auch der dänischen Insel Möen, von der oben die Rede war), fällt also in die letzte Zwischeneiszeit. Eine Folge dieser Zerstückelung ist das heutige Aussehen der Jasmunder Kreideküste, ist die Einkeilung von Dilu-

Jasmund

vialscholien in die Kreidewände, wie sie Abb. 2 schematisch (nach *Jaekel*) darstellt:

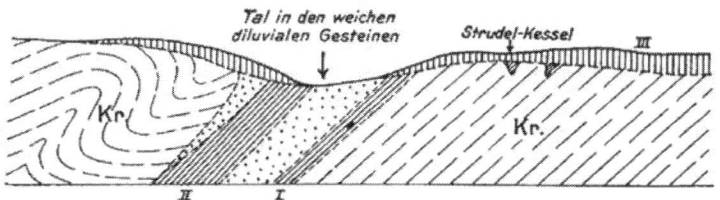

Abb. 2. Schema des Aufbaus der Kreidesteilküste von Jasmund (nach Otto Jaekel), I—III Mergelschichten verschiedener Eiszeiten, getrennt durch zwischeneiszeitliche Sandschichten. Kr. = Kreide mit Flintbänken.

Diese Verhältnisse finden sich mehr oder weniger überall wieder. Natürlich sind sie nirgends so klar zu beobachten, da ja das Eis, sowie vorher schon die Verwerfungen usw. die weichen Schichten durcheinander geknetet haben.

Als eines der wenigen Beispiele, an denen diese Dinge verhältnismäßig gut zu beobachten sind, seien die großen WISSOWER KLINKEN in schematischer Darstellung (nach *Credner*) wiedergegeben:

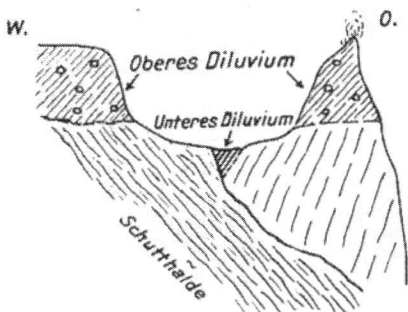

Abb. 3. Der Hauptfelsen der Wissower Klinken (nach Rud. Credner).

Ehe wir nun diese Küste verlassen, wollen wir noch einen Blick auf das Gestein werfen, das sie zusammengesetzt: DIE WEISSE SCHREIB-KREIDE:

In einer schätzungsweisen Mächtigkeit von etwa 300 m liegt Schicht auf Schicht dieses weißen, mürben Gesteines, das fast ganz aus reinem Kalk besteht, dem nur geringe Mengen Kieselsäure beigemengt sind. Wenn es in Salzsäure aufgelöst wird, bleiben Kieselnadeln von Schwammskeletten übrig und Mineralteilchen, die aus dem Granit Bornholms und Schwedens stammen. In der Hauptsache jedoch besteht es aus den Gehäusen von sogenannten Foraminiferen und reinem, nicht durch Lebewesen gebildetem Kalkschlamm, der aus den zur Kreidezeit vielfach abgetragenen (silurischen) Kalkschichten Schwedens stammt. Zum festen Bestand des Gesteines gehören Feuersteine, die in regelmäßigen Abständen von rund 1 m in Streifen und Lagen in der gesamten Schichtfolge liegen, nach unten zu jedoch seltener werden. Es sind regellos gestaltete Knollen, die die seltsamsten Formen annehmen können, aus denen sich mit einiger Phantasie alle möglichen „Versteinerungen" herauslesen lassen. Die Entstehung des Feuersteins (Flint) ist auch heute noch nicht ganz geklärt. Jedenfalls stellt er Zusammenballungen der sonst im Gestein fein verteilten Kieselsäure dar, die sich zum Ansatzpunkt vielfach Organismen gewählt haben. So findet man gelegentlich mit Flintmasse angefüllte Seeigelschalen oder keulenförmige Stücke, deren innere Hohlräume sie als „versteinerte" Schwämme ausweisen. Hierher gehören auch die bekannten „Saßnitzer Blumentöpfe", große Feuersteinringe, die aus kelchförmigen Schwämmen hervorgegangen sind, die nach dem Tode in sich zusammensanken. Auch flintgefüllte Poren und Bohrgänge in Muschelschalen sind nicht selten. Meist ist der Flint durch kohlige Bestandteile dunkel gefärbt. Die äußerste Schicht ist durch die lösende Kraft des Wassers, das in der porösen Kreide frei zirkulieren kann, ausgelaugt, so daß sie rauh und hell erscheint. Da der Feuerstein zu 95—98% aus Kieselsäure besteht, war er durch seine große Härte sowie durch seine Neigung, im frischen Zustand muschelig zu springen, dem Urmenschen ein geeignetes Material für seine Werkzeuge und diente später als Flinten- und Feuerstein. Mit dem Flint zusammen kommen häufig Knollen von Schwefelkies (FeS_2) vor, die unter einer Oberfläche, die an gehämmertes Eisen erinnert, ein goldglänzendes Innere verbergen, in dem zahllose Kristallnadeln von Mittelpunkten ausstrahlen. Unter dem Einfluß der Verwitterung bildet sich der Schwefelkies in rostrotes Brauneisen um, das an den Kreidewänden hinabgespült wird und deren Weiß in langen braunen, schmierigen Streifen unterbricht.

Unter den Versteinerungen der senonen Kreide fallen folgende auf: Die sogenannten *Donnerkeile (Belemniten)* sind Skeletteile von Tintenfischen, die der winzigen Spitze am Hinterrande der Rückenschulpe der heute lebenden Tintenfische entsprechen, die unter dem Namen Sepiaschale käuflich sind. Ferner sind mit leichter Mühe sowohl im anstehenden Fels, wie auch am Blockstrand zu finden: eine dickschalige Auster *(Gryphaea vesicularis)*, kugel- bis eiförmige Seeigel *(Cidaris* und *Echinoconus, Ananchytes)*; Reste von Moostierchen *(Bryozoen)*, die oft netzförmig Muscheln, Seeigel und Donnerkeile überziehen; dazu kommen die winzigen Schälchen der einzelligen *Foraminiferen*, gelegentlich Fischschuppen, -zähne u. a. m.

* * *

Die Gewinnung der Kreide geschieht beispielsweise am Wege von Krampas nach Oberförsterei Werder im Küsterschen Bruch, sowie z. B. bei Quoltitz, Nipmerow und an anderen Orten. Das gegrabene Gestein wird in einem Rührwerk unter Wasser zerrieben und von groben Steinen gereinigt. Als Kalkmilch verläßt ein Teil bei jeder Drehung des Rührkreuzes den Bottich und gelangt über hölzerne Rinnen, in denen sich der feinere Sand absetzt, in große Klärbecken, in denen sich im Laufe von anderthalb bis zwei Monaten die **Schlämmkreide** niederschlägt. Der Schlamm der Klärbecken wird alsdann auf offenen Hürden **getrocknet**, zu Pulver zerstampft und kommt in Fässern zum Versand, um der Herstellung von Oelfarbe, Zahnpulver, Kitt, Pappe usw. zu dienen.

* * *

Südlich von SASSNITZ-KRAMPAS übernimmt an der Küste wieder das Diluvium die Herrschaft, wenn ihm auch eingesprengte Kreideschollen, gleichsam große Findlinge, nicht fehlen. Die Süd- und Südwestküste wird vom HUELSENKRUG an über LIETZOW bis in die Höhe von BORCHTITZ von einem bewaldeten Höhenzuge gebildet, an dessen Außenrand hier und da (besonders an den Truper Tannen!) ein bewachsenes Kliff beweist, daß ihn einst die See bespülte. Dieser Höhenzug ist als Endmoräne zu deuten, entspricht also einer Stillstandslage des zurückgehenden Eisrandes. Später hielt der Eisrand auf einer Linie, die etwa von DWASIEDEN über SAGARD und POLCHOW nach BOBBIN verläuft. Die Tauwässer, die jetzt dem Eise entquollen, stauten sich z. T. hinter der älteren Endmoräne und furchten das Wiesental der Wostewitzer Teiche aus, das heute von humosem Boden erfüllt ist. Im übrigen wird die Jasmunder Küste von BORCHTITZ bis SPYKER vorwiegend aus jüngstem Geschiebemergel zusammengesetzt.

Der technische Wert des Bodens von Jasmund beruht in erster Linie auf seinen zahlreichen Kreidevorkommen, sowie den zahlreichen Findlingsblöcken, von denen einzelne durch besondere Größe und ihre Bedeutung für den Kirchenkult der vorchristlichen Zeit bemerkenswert sind, so der WASCHSTEIN vor der Kreideküste, auf dem etwa 20 Personen Raum haben, einige Findlinge bei der Oberförsterei WERDER, sowie der OPFER- und SAGENSTEIN am Hertasee und der QUOLTITZER OPFERSTEIN, der über 4 m Länge erreicht. Der ehemals wesentlich größere Reichtum des Landes an großen Findlingsblöcken wird durch die zahlreichen Hünengräber, sowie Bauten aus späterer Zeit bewiesen.

Auch Jasmund war einst Insel, wie Glowe (S. 25) und das alte Kliff an den Truper Tannen beweisen. Erst in der Nacheiszeit wurde es von Wittow her und auf die Granitz zu mit der Außenwelt verbunden (die Lietzower Verbindung wurde 1868 künstlich hergestellt).

Nachdem wir nun an den Beispielen von Hiddensoe bis Jasmund die wichtigsten Erscheinungen kennengelernt haben, können wir uns bei der Beschreibung des übrigen Rügens etwas kürzer fassen.

Schmale Heide.

Ihrem Wesen nach ähnelt die Schmale Heide durchaus der Schaabe. Wie diese, so ist auch sie von Norden her nach Süden gewachsen. Und zwar beginnt sie am alten, längst „kaltgestellten" Kliff auf der Südseite der Truper Tannen unweit NEU-MUKRAN mit mächtigen Terrassen und Strandwällen von Feuerstein. Nach Süden zu werden diese allmählich vom Dünensand abgelöst, derart, daß der Strand von Binz am Südende der Nehrung so gut wie völlig steinfrei ist. Die Flintwälle im Norden sind mit Wacholder und anderem Gestrüpp bedeckt, unter dem wundervolle Exemplare der gesetzlich geschützten Stechpalme oder Hülse besonders auffallen. Von diesen hat der HUELSENKRUG seinen Namen. Er stammt noch aus der Zeit, als der Verkehr vom Festland nach Jasmund die schmale Landzunge benutzte, bis seit dem Jahre 1868 der Verkehr über die Enge von Lietzow ging und die schmale Heide nun einsam und menschenleer liegt.

Das Rückgrat der Nehrung sind die Flint-Strandwälle, die sich am Nordende und an der Binnenseite befinden. (Der Transport auch großer Gerölle wird verständlich, wenn man bedenkt, daß die an diesen festgewachsenen Blasentankpflanzen ähnlich wie Schwimmblasen oder Korkgürtel wirken). An dieses Rückgrat legt sich außen sowie im Süden der Seesand an, der teilweise zu 10 bis 12 hintereinanderliegenden Dünenketten aufgeweht wurde, die heute ausnahmslos von Kiefern bestanden sind, die sich von den Beständen der Geröllfelder durch regelmäßigeren Wuchs auszeichnen.

Schmale Heide, Granitz

Laubwald findet sich nur auf den malerischen Inselkernen, an denen sich die Nehrung bis zur Granitz entlangtastet: THIESSOW, PRORA (= Schwelle) und DOLLAHNER UFERBERG — Geländeteile, die sich durch ihre schroffen Formen, sowie ihre wallähnlichen Grundrisse als Endmoränenstücke ausweisen.

Eine Erscheinung, die auch dem beobachtenden Laien auffallen wird, ist die, daß sich am Nordende der Nehrung auf dem alten Kliff der Truper Tannen ein Feuersteinstrandwall in 3 m Höhe befindet (ähnliches läßt sich übrigens auch auf dem Nordteil der Schaabe feststellen). Derartig hoch gelegene Strandwälle verdanken ausnahmsweise starken Sturmfluten ihre Entstehung.

Beim Ostseebad BINZ, das sich als altes Fischerdorf auf dem Rande der Diluvialhöhe der Granitz hinzieht, erreicht die Schmale Heide ihr Ende. Kurz vorher schließt sie einen kleinen Meeresteil von der offenen Ostsee ab; den SCHMACHTER SEE, der durch Verlanderbestände, Torfbildung und Schlammausfüllung nun auf einen kleinen Teil seiner ehemaligen Größe eingeengt worden ist.

Die Granitz

gehört ihrer ganzen Beschaffenheit nach zu den eben erwähnten Inselkernen: Wie diese zeichnet auch sie sich durch romantisch abwechlungsreiche Geländegestaltung aus; wie diese und ihre Umgebung bis hin nach ZIRKOW und NADELITZ setzt sie sich aus eiszeitlichem Sand und Kies zusammen. Aus beiden Gründen kann man sie, ebenso wie Thiessow, Prora, Dollahner Berge, Tribberatzer Berge, die Hügel zwischen Zirkow-Nadelitz und Lanken, sowie einschließlich der Landschaft um Neu-Reddevitz-Gobbin und der Gegend von Seedorf, als geologische, erdgeschichtliche Einheit fassen: als ein Gebiet, das dem in dieser Gegend langsam vor und zurückpendelnden Eisrande seine Formung verdankt, kurzum als Endmoränengebiet. Bis in die Mitte des vorigen Jahrhunderts hatte es sich seine Ursprünglichkeit und seinen Ruf als vortreffliches Jagdgebiet bewahren können.

Geologie

Da der Boden sich zum größten Teil aus Sand und Kies zusammensetzt, und da der Sand von Wind und Wasser leicht davongetragen werden kann, ist es nicht verwunderlich, daß sich an der Oberfläche streckenweise z a h l l o s e größere Geschiebe anreichern konnten. Im Gegensatz zur Ebene Wittows und in gewisser Uebereinstimmung mit der Jasmunder Oberfläche sind hier w a s s e r s a m m e l n d e Geländeteile keine Seltenheit, infolgedessen treten auch vertorfte Becken, F l a c h m o o r e, ziemlich häufig auf, so z. B. die sogenannte „GROSSE WIESE" oder die „DOLGE" nordöstlich vom Jagdschloß *(Dolge* bedeutet ein langgestrecktes Becken, sei es See oder Moor). Auch der „SCHWARZE SEE" unweit der WALDHALLE hat verlandete Buchten.

Die K ü s t e zeigt hier wieder neue und bisher unbekannte Formen, die auf der g e r i n g e n S t a n d - f e s t i g k e i t oder, wenn man es will, der großen Haltlosigkeit des sie bildenden Sandes beruhen. Das SAALRIFF (= Seehundsriff) zwischen KIEKOEVER und GRANITZER ORT beweist, daß exponierte Stellen der Küste d e r Z e r s t ö r u n g s t a r k a u s - g e s e t z t sind: ½ Kilometer weit läßt es sich in die See hineinverfolgen; stellenweise bildet w e i ß e S c h r e i b k r e i d e seinen Boden, offenbar eine große Scholle im Bereiche der Endmoräne. Aehnliche der Zerstörung ausgesetzte Stellen sind hier und auf Mönchgut der QUITZLASER und der GRANITZER ORT, NORDPERD, LOBBER ORT, SUEDPERD und andere. Z w i s c h e n i h n e n erstrecken sich sogenannte r e i f e K l i f f s, die vom Meere für gewöhnlich nicht mehr bespült werden, jedoch der Zerstörung und Durchfurchung v o m L a n d e h e r unterliegen, wie wir schon auf Jasmund und an anderen Orten gesehen haben.

Kaum eine andere Stelle auf ganz Rügen kann die Eigenart dieses Eilandes besser, modellhafter vor Augen führen als ein Blick von dem 38 m hohen Mittelturm des fürstlichen Jagdschlosses Granitz: Weithin über die See, über die PRORER WIEK bis nach Stubbenkammer und zum Leuchtturm von Arkona schweift das Auge; auf der anderen Seite aber zeigen sich Oie und Ruden und der ganze Greifswalder Bodden begrenzt von den Türmen von Greifswald und Stralsund. Gleichsam zu unseren Füßen aber dehnt sich, lehrreich wie ein Schulmodell, das seltsam gestaltete

Mönchgut.

Nirgends zeigt sich besser als hier die **enge Durchdringung von Land und Meer**, die Verbindung hoher, vielgestaltiger Inselkerne durch schmale Dünenwälle, durch weite, tischebene Moorwiesen. Denken wir uns Mönchgut um wenige Meter gehoben, so würde der Meeresboden in Form lebhaft gestalteten Endmoränengeländes hervortauchen. Nun aber ragen nur die höchsten Kämme der Moränen hervor, durch das wieder darüber hingleitende Inlandeis und seine Schmelzwässer in die Ostwest-Richtung gezwungen: Es sind die Inseln von **Reddewitz-Göhren**, die **Lobber Scholle**, **Groß-Zicker**, **Klein-Zicker** und das (südliche) **Thiessow**; **Nordperd** („Perd" ist „Höft") und **Reddevitzer Höft, Lobber Ort, Zickersches Höft, Saals-Ufer** und **Südperd** sind ihre Kaps; **Having, Hagensche Wiek** und **Zicker-See** die Buchten, die sie aus dem Greifswalder Bodden herausschneiden; die **Baaber Heide** verbindet mit ihrem Dünensand Granitz und das Göhrener Land, der „**Große Strand**", eine schmale Nehrung, bindet Thiessow an die Lobber Scholle und von dieser nach Norden schwingt sich ein namenloser Dünenstreifen. Auch hier der Gegensatz zwischen **sandiger Glattküste außen und zerlappter Moorküste innen.** Wie auf Hiddensoe hat auch hier die abgeschlossene Lage, zu der in beiden Fällen der abschließende Einfluß eines kolonisierenden Klosters kam, ein eigenartiges Volkstum gezüchtet.

Wenn wir von Norden nach Süden das Land durchwandern, so kommen wir zuerst am SELLINER SEE vorbei. Trotz seiner Trennung vom Meere ist er auch heute noch **nicht ganz ausgesüßt** und birgt an seinem Boden Weichtiere des **Meer**wassers. SELLIN selbst liegt, obwohl Seebad, nicht unmittelbar am Meer, sondern auf dem Hochufer. Auch wäre es ganz ohne Vorstrand, wenn nicht hier die BAABER HEIDE als schmaler Streifen ihren Anfang nähme. BAABE liegt am Rande des Dünengebietes, ganz auf jungem

Sandboden, vom Selliner See durch moderne Anlandungen getrennt. Sein Außenstrand ist nahezu steinfrei, da das Material aus dem Diluvialsandgebiet der Granitz herstammt. Da die Baaber Heide viel kürzer ist als die übrigen Rügenschen Nehrungen, war sie wohl auch eher als diese vollendet. Ihr Boden ist darum auch humusreicher, als es Sandboden zu sein pflegt, und trägt daher eine reiche Unterflora im Kiefernwald. Aber scharf setzt diese Vegetation gegen den Laubwaldrest des südlich von ihr gelegenen Diluvialkernes ab.

GOEHREN liegt ebenfalls wie die meisten Küstendörfer auf Diluvialgelände und erstreckt sich über den ganzen Inselkern hinweg. Der heute waldfreie, da kalkreiche und auf weite Strecken hin lehmige Diluvialboden trug vor der Besiedlung durch den Menschen umfangreichen Wald, wie die Namen der -hagen-Dörfer beweisen (siehe oben S. 19). Die Oberfläche des Ländchens ist drumlinartig gestaltet. Da die Ortschaften zum großen Teil die Talsenken bevorzugen und diese sich zwischen den Hügelwällen von Südwesten nach Nordosten hinziehen, erstrecken sich auch die Dörfer mehrfach im Gegensatz zur sonstigen Gepflogenheit von Fischerorten nicht parallel, sondern im spitzen Winkel zur Strandlinie in das Binnenland hinein. Um das NORDPERD (Göhrener Höft) zieht sich als Brandungsschorre ein weites Steinriff hin. Eine Schutzmauer bewahrt die Landspitze vor neuem Abbruch. Immerhin läßt sie immer noch einen Einblick in den inneren Bau des Landes tun, da dort jüngeres Diluvium rund 20 m hoch aufgeschlossen ist. Nördlich vom Höft liegt in gut 300 m Entfernung von der Küste der gewaltige „Gottesstein" der Wenden, der BUHSKAMEN, ein alter Opferstein mit Rillen und Näpfchen, der einst natürlich noch auf dem Lande gelegen haben muß. Er hat 8 m Höhe und etwa 40 m Umfang. Auch vor dem Reddevitzer Höft, am Westende des Inselkerns liegt ein ähnlicher Block, der sogenannte OPFERSTEIN.

Die Aussicht vom Göhrener Höft schildert PAUL SCHNEIDER in seinem trefflichen Büchlein über Rügen auf S. 86: „So kann man mit einem

Blick vom Göhrener Höft im Geiste die Vergangenheit und Zukunft Mönchguts überschauen und zu der Erkenntnis gelangen, wie alles auf der Erdoberfläche sich in beständigem Wechsel befindet: Das Inselmeer der Vergangenheit, jetzt ein stark zerlapptes Landgebilde, in Zukunft eine Halbinsel mit geschlossenen glatten Küsten."

Südlich von Göhren treffen wir immer wieder die gleichen Verhältnisse an: Außen Sandküste, innen Moor; alsdann den Inselkern von LOBBE, der zum großen Teil aus Geschiebemergel besteht und im Kleinen Wittow gleicht: Auch er ist eine im Osten aufgerichtete, ebene Grundmoränenplatte, nur fehlt hier die Kreide. Dafür fand man am LOBBER ORT Ton und Sand tertiären (oligozänen) Alters, die offenbar aber nur einer kleinen Scholle angehören. Vor dem Lobber Ort dehnt sich der IDUNAGRUND aus. Zwischen beiden finden sich auf der LOBBER SCHAAR die Stubben versunkener Eichenwälder. Also auch hier wieder Uferzerstörung und Senkung des Landes. Von Lobbe nach Thiessow zieht sich das schmale Band des „GROSSEN STRANDES" hin, mit dem Geschiebemergel-Endmoränenblock GROSS-ZICKER durch flache Alluvialwiesen verbunden. 1872 gelang es dem Meer von Westen her fast, diesen Südteil Mönchguts abzutrennen, indem es dort, wo seitdem bis heute noch die Zickerniß von der Hagenschen Wiek fast bis zum großen Strand reicht, sich bis auf wenige Meter der offenen See im Osten näherte. Ist schon dieses Beispiel für das Schrittmaß der Veränderungen in unserem Gebiet kennzeichnend, so spricht das Beispiel der kleinen Halbinsel KIRKENORT südlich von Groß-Zicker ebenfalls eine deutliche Sprache: Denn noch vor 100 Jahren war sie Insel.

Das südlichste Kap Rügens, das SUEDPERD auf Thiessow,*) in dem jüngster Geschiebemergel sichtbar wird, der oberflächlich zu gelbem Lehm verwittert ist und einen kleinen Kreidefetzen enthält, leitet uns zu den beiden Inseln hinüber, die zu Rügen gehören:

---

*) Thiessow bedeutet „Eibenland"; noch heute werden gelegentlich Eibenstämme angespült.

Greifswalder Oie und Ruden.

Beide erheben sich auf der ertrunkenen Endmoräne, die den Greifswalder Bodden von der Ostsee trennt, und die in gerader Fortsetzung Mönchgut mit Usedom verbindet.

Während der Ruden ausschließlich aus jungalluvialen Bildungen besteht und in seiner Beschaffenheit etwa einem flachen Haken zu vergleichen ist, besteht die Oie nach den Aufnahmen von ELBERT und KLOSE aus den Ablagerungen dreier Eiszeiten, und zwar Mergelschichten verschiedener Farbe und dazwischen liegenden Sandschichten. In die unterste, also älteste dieser Mergelschichten sind vom Eise, das den Untergrund aufwühlte, Schichten des vordiluvialen Grundgebirges eingefaltet worden, die dem ältesten Tertiär (Paleozän) und verschiedenen Stufen der Kreideformation angehören. (Sand des Gaults, Mergel aus Senon und Cenoman). Besonderes Interesse beanspruchen davon wohl die Gesteinsschichten des unteren Paleozäns, die die Asche von Vulkanen enthalten, die zu jener Zeit im südlichen Schweden rauchten. Die interessanten geologischen Verhältnisse der Oie sind im einzelnen von den beiden genannten Forschern 1904 im 8. Jahresbericht der Geographischen Gesellschaft zu Greifswald behandelt worden.

Natürlich wütet die See gegen diese verlassenen Inseln mit besonderer Stärke, und es ist fraglich, ob man die Lotsenstation auf dem Ruden dauernd wird halten können. Es geht die Sage, daß der Ruden erst 1309 von Mönchgut getrennt worden sei. Auch zeichnen ältere erhaltene Karten die Insel bedeutend massiger, als sie heute erscheint. Die Kraft der Brandung mag man daran ermessen, daß das Südperd allein bei der 72iger Flut 5 bis 6 m Land verloren hat.

Derartige Veränderungen spielen sich jedoch weit im Inneren des Boddens ab, so an der Malerinsel

Vilm.

Wer bis hierher gefolgt ist, der wird Form und Geschichte der Insel selbst zu deuten wissen; der wird finden, daß sie aus fünf kleineren und größeren diluvialen Inselkernen zusammen-

geschweißt ist, der wird auch an verschiedenen Seiten
der einzelnen Kerne alte Kliffs beobachten, die
beweisen, daß die alluvialen Verbindungsstücke aus
Sand und Moor noch recht jung sind.

Erst 1309 soll der Vilm vom Festland losgerissen
worden sein. Für die Wahrscheinlichkeit einer
solchen Ueberlieferung sprechen verschiedene Umstände: erstens hängt die Insel noch heute unterseeisch mit dem Festland durch eine Schwelle zusammen, zweitens bedeutet der Name dasselbe wie der
des Dorfes Vilmnitz, nämlich „Ausfluß", und zwar des
Baches, der heute beim Dorfe mündet, früher aber
wohl erst in der Gegend der jetzigen Insel das Meer
erreichte; und drittens redet der SCHNAKEN-
WERDER mit seinem „Steinriff" eine beredte
Sprache: Bei Niedrigwasser ist er noch heute als
steinige Sandbank zu sehen; noch im Jahre 1840 aber,
vielleicht auch noch länger war er mit üppigem
Gestrüpp bedeckt, und die Bewohner des Vilms
konnten dorthin ihr Vieh durch das flache Wasser
auf die Weide treiben.

Wir kommen nun zum

eigentlichen Rügen,

dem Hauptteil der Insel, jenem im großen ganzen
dreieckigen Lande, das sich vom Greifswalder Bodden
und ungefähr von Stralsund bis fast zur Halbinsel
Wittow erstreckt und dem die bisher besprochenen
Teile nur untergeordnet erscheinen. Merkwürdigerweise hat sich die Forschung mit diesem an Fläche
bedeutendsten Teile der Insel am wenigsten befaßt,
wohl weil die bizarren Formen, die selten schönen
Küstenaufschlüsse der übrigen Gebiete mehr lockten
und reichere Ausbeute versprechen. Wir können
deshalb dies Gebiet nur mit einigen wenigen Worten
allgemeineren Inhalts behandeln, und auch das nur
unter dem Vorbehalt: „Soweit man bisher weiß"!

Im großen Ganzen ist dieser Hauptteil Rügens als
Grundmoränenebene zu bezeichnen, also als
Gebiet, das der Eisrand beim Abschmelzen des Eises
gleichmäßig schnell durchquerte. Hier und da, so
z. B. am Rande des Greifswalder Boddens bei Alt-
Camp, Preeske, Dumsevitz und Altefähr finden sich
große Kreideschollen. Wie auf Wittow, so ist auch

Geologie

hier die Landschaft einem in schwacher Bewegung erstarrten Wasserspiegel zu vergleichen: Flache, weitgespannte Geländewellen wechseln mit ebenso sanft geböschten Tälern und Mulden ab, nur hier und da unterbrechen ausgeprägtere Höhen die Ruhe der Landschaft, so bei MUHLITZ die 35 m hohen „Neunberge", die Goor bei LAUTERBACH u. a. Es sind dies Zeugen entweder von einem vorübergehenden Halt des Eises auf seinem Rückweg oder aber für die aufpressende Gewalt des einseitig lastenden Eiskörpers.

Während so das ganze Gebiet mit Ausnahme des Ost- und Nordostrandes gleichmäßig ruhig gewellt ist, finden sich dort auffallend schroffe Höhen, unter denen der RUGARD bei Bergen die bekannteste ist, sieht man doch vom Turm, der seinen Gipfel krönt, ganz Rügen wie eine Landkarte ausgebreitet liegen: Von Arkona bis zum Südperd, vom Dornbusch bis Stralsund. Der Rugard ist ein Teil eines ausgesprochenermaßen unruhigen Hügellandes, das sich von BERGEN nach Norden bis AUGUSTENHOF erstreckt, wo sich sein Ausläufer zwischen den großen und den kleinen Jasmunder Bodden schiebt. Dies Gebiet umfaßt die Höhen um Patzig — Strüssendorf — Augustenhof und auch die INSEL PULITZ im kleinen Jasmunder Bodden, die gleichsam die Verbindung mit Thiessow herstellt. Nördlich davon bei RALSWIEK erreicht der Buchberg über 50 m Höhe, die Banzelvitzer Berge am Westufer des großen Jasmunder Boddens steigen bis 45 m auf und die Hügel zwischen dem Tetzitzer See und der Neuendorfer Wiek auf über 40 m Seehöhe. Verbindet man alle diese Endmoränenstücke etwa in der Art, wie es unsere Kartenskizze Abb. 1 versucht, so erhält man etwa den Verlauf des Randes des zurückschmelzenden letzten Inlandeises zu einem bestimmten Zeitpunkt.

Daß es sich in der Tat zum größten Teil um sichere Endmoränen handelt, wird einmal durch die schroffen Formen — das sicherste Kriterium — bewiesen und sodann auch durch die Gesteinsbeschaffenheit: Besteht doch ein großer Teil von ihnen — die ganze Gegend um Bergen, ein großer

Eigentliches Rügen

Teil der Granitz, ein großer Teil der Mönchguter Landkerne usw. — aus **Sand und Kies** inmitten einer Grundmoränenebene, die sich anscheinend in weit vorherrschendem Maße aus Geschiebemergel bzw. seinem Verwitterungsprodukt, dem gelblichen Lehmboden, zusammensetzt.

Noch ein weiteres kommt hinzu: Wir wissen aus der Beobachtung der gegenwärtig bestehenden Inlandeisgebiete, wie z. B. Grönlands, Spitzbergens und der Antarktis, daß der Rand des Eises von **Spalten** durchzogen ist, die **rechtwinklig zum Eisrande** verlaufen. Wenn wir also auf Rügen Spuren solcher Spalten finden, die etwa rechtwinklig zu dem angenommenen Verlaufe der Randlage sich hinziehen, so ist die Kette des Beweises geschlossen. In der Tat bestehen solche Spuren: Wir sprachen eingangs von den **Wallbergen (Åsarn)**, scharf ausgeprägt dammartig gestalteten Kiesrücken, den Ausfüllungen von Gletscherspalten. Der bekannteste Wallberg findet sich nordwestlich des alten Städtchens GARZ und hat anderthalb Kilometer Länge; ein anderer, ähnlich schöner befindet sich bei dem Dorfe ZIRKOW (südlich vom kleinen Jasmunder Bodden); weitere sind östlich von LANDOW an der **Straße von Samtens nach Gingst**, ferner westlich von GINGST, zwischen **Koselower See und Neuendorfer Wiek** beobachtet worden und finden sich wahrscheinlich noch an anderen bislang unbekannten Stellen (vgl. die Kartenskizze). Der Garzer Ås ist der wichtigste, denn er liegt in einer **sandigen Zone**, die sich **von Bergen und von Putbus** her über **Garz** auf **Stralsund** zu über **Poseritz, Gustow** und **Drigge** verfolgen läßt und die ähnlichen Ursprungs ist wie einzelne Wallberge. Alle diese Wallberge einschließlich der letztgenannten Åszone verlaufen etwa rechtwinklig zur Stillstandslage (vgl. Zusammenfassung).

Natürlich finden sich auch hier, zumal in dem von den Schmelzwässern des Eises durchfurchten Vorlande der Endmoräne zahlreiche von **Flachmoor***) er-

---

*) Moore sind Archive der Vorzeit: In ihnen haben sich auf Rügen gelegentlich Reste vom Renntier gefunden, das nach dem Abrücken des Eises hier mit dem Urmenschen zusammen hauste (von dem sich ebenfalls Spuren gefunden haben).

füllte Täler und Mulden und in diesen hier und da Kalkausscheidungen oder Eisenrostniederschläge aus dem kalk- und eisenreichen Grundwasser der Diluvialschichten. Im einzelnen ist jedoch über diese Dinge von Rügen noch zu wenig bekannt geworden. Doch läßt sich die Verbreitung der Moore aus jeder besseren Karte ablesen; auch die Neulandbildungen der flachen Westküste, sowie der zu dieser gehörigen Inseln (Ummanz, Oehe, Lieschow usw. usw.) sind aus der Karte zu ersehen. Nur die Verteilung von Geschiebemergel bezw. -Lehm und Geschiebesand, dem Auswaschungsrückstand des Mergels, läßt die topographische Karte nicht erkennen. Soviel aber hat uns trotz dieser Mängel unsere kurze Wanderung rund um Rügen gelehrt, daß wir uns nunmehr zusammenfassend ein Bild vom Werdegang dieses Insellandes im Laufe der Erdgeschichte machen können!

* * *

Zusammenfassender Rückblick auf die erdgeschichtliche Entwicklung Rügens.

Die moderne Radiumforschung hat uns ein Mittel in die Hand gegeben, das Ausmaß erdgeschichtlicher Zeiträume wenigstens annähernd und zahlenmäßig zu erfassen. Die gewaltigste Zeiteinheit, die Jahrmillion, ist das Maß, nach dem die Erdgeschichte mißt. So können wir annehmen, daß es rund 50 Millionen Jahre her ist, daß das Meer der KREIDEZEIT seinen schneeweißen Kalkschlamm dort niederschlug, wo sich heute die westliche Ostsee befindet, und zwar hatte das Meer seine große Tiefe (rund 1500 m), die zum Absatz reiner Kalkschlammschichten nötig ist, im Laufe der Kreidezeit erhalten und sich gleichzeitig Schritt für Schritt nach Osten ausgedehnt, so daß es nun von England her bis weit hinein ins europäische Rußland reichte. Auch die Meere der älteren TERTIÄRZEIT haben noch das Gebiet der südlichen Ostsee vollständig bedeckt. Wir wissen von der Existenz des ältesten Tertiärmeeres aus den Schichten der Oie, in denen ja vulkanische Asche von Schonen vorhanden ist. Im Eozän wich das Meer nach Westen zurück, um dann nach einem weiten

Rückblick auf die erdgeschichtliche Entwicklung 45

Vorstoß im Oligozän,*) der auch unser Gebiet betraf, im Miozän endgültig nach Westen zurückzuweichen, und auf den Umfang der heutigen Nordsee zusammenzuschrumpfen. Ob die Rügensche Kreideplatte während des Tertiärs über das Meer hinausragte oder die Ablagerungen der Tertiärzeit später wieder von ihr abgetragen worden sind, läßt sich heute nicht mehr entscheiden. Doch sind wir zu dem Schluß berechtigt, daß in der Gegend um Rügen irgendwo tertiäre Ablagerungen vorhanden gewesen sind, da sich ja große Schollen solcher Gesteinsschichten in eiszeitlichen Ablagerungen finden. Nach dem Rückgang des Tertiärmeeres trat jene Klimaverschlechterung ein, die zur VEREISUNG des europäischen Nordens führte, deren Eismassen bis an die deutschen Mittelgebirge heranreichten. Dreimal stieß das Eis hemmungslos über Rügen vor und lagerte seine Grundmoräne ab. Ehe es aber zum vierten Mal herannahte, traten jene tektonischen Vorgänge („baltische Brüche") ein, die die glatten Kreideschollen in ein Mosaik von Höhenrücken und Dämmen zerriß, und deren Spuren uns bei Arkona

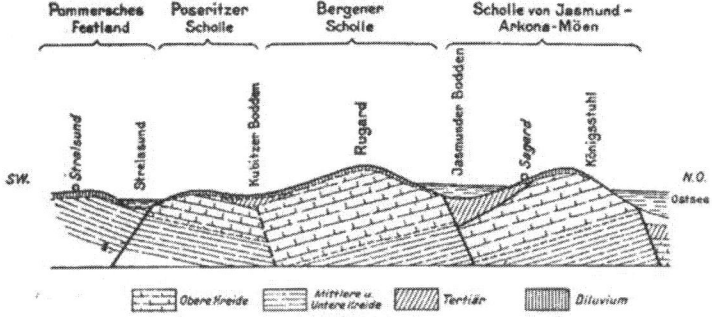

Abb. 4. Wie man sich (im Anschluß an W. Deecke) den Bau Rügens, seine Schollennatur und seine Oberflächenformen, zu denken hat.

---

*) Aus oligozänem Sand stammt auch der Bernstein, das „fossile" Harz tertiärer Nadelhölzer. Von der Brandung wird er aus den tertiären Schichten (am Boden der See) oder aus dem Geschiebemergel ausgewaschen und ans Ufer geworfen; besonders ergiebig sind Hiddensoe und die Rügener Ostküste.

und auf Jasmund begegnet sind. Das letzte Eis fand diese Rücken vor und war gezwungen, die Hindernisse zu besiegen. Es hobelte sie ab und nahm die Feuersteine der Kreide und diese selbst in seinen Geschiebemergel auf, so daß seine Grundmoräne durch diesen ihren Kreide- und Flintgehalt leicht von den Grundmoränen der älteren Vereisungen zu unterscheiden ist, denen diese Beimengungen fehlen. Als das Eis endgültig zurückschmolz, wich der Eisrand in genau verfolgbaren Etappen Schritt für Schritt durch Norddeutschland zurück und erreichte schließlich Rügen. Wir konnten eine große Stillstandslage beobachten, die sich, wie es auf Abb. 1 dargestellt ist, ungefähr vom Dornbusch hinüber nach Breetz und von dort über Ralswiek, Bergen und die Granitz nach Mönchgut und Usedom zog. Natürlich hatte der Eisrand nicht die Form einer ganz geraden Linie, sondern zeigte Auslappungen und Buchten, auch wird er nicht immer auf genau der gleichen Linie verharrt sein, sondern pendelte vor und zurück. Infolgedessen ist das Endmoränengebiet Rügens nicht ein einziger schmaler Damm, sondern erreicht (besonders in der Granitz) eine große Breite. Ehe das Eis diese Linie erreicht hatte, war es in gleichmäßigem Tempo zurückgewichen und hatte die Grundmoränenebene gebildet, die einen großen Teil Rügens zusammensetzt. Die Sandmassen, die sich sonst vor Endmoränen anhäufen, scheinen auf Rügen zu fehlen. Andererseits sprechen die Åsar dafür, daß sich vor der Endmoräne spaltendurchzogene Brocken toten Eises erhalten hatten, die wohl auch die Aufschüttung der Sandmassen verhinderten. Dann wich das Eis weiter zurück, stieß wohl auch noch ein wenig vor und konnte so die Drumlinrücken auf Hiddensoe, auf Jasmund und Mönchgut formen.

Der Augenblick, in dem das letzte Eis Rügen verließ, mag nach den neuesten, sicher begründeten Berechnungen 12 bis 15 000 Jahre zurückliegen. In der Zeit, die seitdem verflossen ist, trat in einem Abschnitt, der im gesamten übrigen Ostseegebiet als Litorina-Zeit bekannt ist, wie im ganzen Ostseegebiet, so auch auf Rügen eine SENKUNG ein, infolge deren das Land überschwemmt wurde, so daß nur die höchsten Teile als Inseln erhalten blieben.

Das Ende dieser Senkung liegt nach Beobachtungen in der Greifswalder Gegend rund 1700 Jahre zurück. Von diesem Augenblick an, also etwa dem Jahre 200 n. Chr., konnten alle jene Vorgänge, die das Land weiterhin umgestalteten, wirken: Brandung, Strömung, Regen und Wind zerstörten die Küste, durchschnitten die steilen Ränder, häuften Haken und Dünen auf, Wasserflächen verlandeten, Torfmoore bildeten sich; die Gesteine verwitterten an der Oberfläche zu pflanzentragendem Boden, der Mensch kam und arbeitete weiter an der Umgestaltung der Landschaft mit Feuer und Beil, mit Pflug und Spaten: Das Endergebnis aller dieser Vorgänge, die seit nun 50 Millionen Jahren an der Formung dieses Stückchens Erde arbeiten, ist Rügen, „DAS ZERRISSENE LAND".

Schrifttum zur Geologie Rügens.

Die Grundbegriffe der pommerschen Geologie vermittelt:

1. KURD V. BÜLOW, Geologische Heimatkunde von Pommern I. u. II. (Greifswald, Verlag Dr. K. Moninger 1924 und 1925).

Höhere Anforderungen stellt:

2. WILH. DEECKE, Geologie von Pommern (Berlin, Bornträger 1907).

3. Desselben Verfassers Göschenbändchen: „Landeskunde von Pommern" bildet eine ganz ausgezeichnete Einführung. (Sammlg. Göschen 575).

* * *

Die geologische Literatur über Rügen selbst ist weit zerstreut. Alles Wichtige ist in: Wahnschaffe-Schucht, Geologie und Oberflächengestaltung des Norddeutschen Flachlandes (4. Aufl. Stuttgart 1924), angeführt. Vieles findet sich im Jahrbuch der Preuß. Geolog. Landesanstalt, in der Zeitschrift der Deutschen Geolog. Gesellschaft, den Jahresberichten der Geographischen Gesellschaft Greifswald und den Mitteilungen aus dem Naturwissenschaftlichen Verein für Neuvorpommern und Rügen ebendort. An diesen Stellen sind Arbeiten von: Scholz, Deecke, Philippi, Jaekel, Keilhack, Elbert, Kuhlmann u. a. Autoren veröffentlicht.

Die grundlegende Arbeit ist:

RUD. CREDNER, Rügen, eine Inselstudie (Engelhorn, Stuttgart, 1893).

Dem flüchtigen Wanderer oder dem Badegast wird ein Schriftchen von PAUL SCHNEIDER, Die Insel Rügen, sehr viel geben (Deutsche Wanderungen, Georg Westermann, Braunschweig 1920).

Die Pflanzenwelt Rügens
von Dr. Kurt Hueck.

Schon manch einer, der um die Osterzeit herum aus dem Binnenland, wo bereits Anemonen, Veilchen, Primeln und die anderen ersten Frühlingspflanzen in voller Blüte standen, nach Rügen gekommen ist, wird sich über den zurückgebliebenen Zustand der Vegetation auf dieser Insel gewundert haben. Um diese Zeit wird die dicke Schicht aus abgefallenem Laub, die in den Buchenwäldern liegt, kaum erst durch eine vereinzelte Blüte unterbrochen, und auch die Wiesen- und Waldränder haben noch durchaus ihre fahle, winterliche Färbung behalten. Ein Blick auf eine phänologische Karte*) zeigt, daß sich die Entwicklung der Pflanzenwelt auf Rügen wie überhaupt an der Ostseeküste um volle 14 Tage gegen diejenige der Umgebung Berlins verspätet.

Der Grund für dieses Verhalten ist die unmittelbare Nachbarschaft des Meeres, die sich in dem ozeanischen Klima der Gegend ausdrückt. Im Herbst dient das Meer als ein gewaltiges Wärmereservoir, das für die Temperatur der nächsten Umgebung von günstigem Einfluß ist, wenn im Binnenlande bereits die ersten kalten Tage einsetzen. Umgekehrt erwärmt sich das Wasser aber auch nach dem Winter sehr schwer, und bewirkt so eine Verzögerung des Frühlingseinzugs an der Küste. Ein anderes wesentliches Merkmal des Küstenklimas ist die Erhöhung der Niederschlagsmenge. Während große Teile Nordostdeutschlands zwischen 50 und 60 cm Niederschläge jährlich haben, steigt die Regenhöhe im mittleren Teile Rügens über dieses Maß hinaus, und in der nächsten Umgebung von Bergen fallen sogar 68 cm Niederschläge im Jahresmittel.

Pflanzengeographisch ist Rügen als ein Teil des großen baltischen Höhenzuges aufzufassen, der sich dem Südrand der Ostsee parallel von Schleswig-Holstein bis ins ehemalige Rußland

---

*) Phänologische Karten zeigen die Daten der Blattentfaltung, Blüte, Fruchtreife usw. bei den wichtigsten Pflanzen.

50 *Pflanzenwelt*

Erklärung siehe S. 51 oben.

Erklärung zu nebenstehenden Abbildungen.

A Primula elatior, Hohe Primel. Aa Blüte mit kurzem Stempel und langen Staubgefäßen. Ab Blüte mit langem Stempel und kurzen Staubgefäßen. B Dentaria bulbifera, Zahnwurz. Ba Frucht. C Myrica gale, Gagelstrauch. Ca Männl. Blüte. Cb Weibl. Blütenstand. D Eryngium maritimum, Stranddistel. E Erica tetralix, Glockenheide. F Ilex aquifolium, Stechpalme Fa Frucht. Fb Blüte.

hinein erstreckt, und mit dem die Insel auch geologisch weitgehend übereinstimmt. Das Vorherrschen des fruchtbaren Geschiebemergels hat es mit sich gebracht, daß auf großen Teilen von Rügen Ackerbau getrieben wird. Dadurch ist der Wald, welcher früher die ganze Insel überzog, in zahlreiche kleine Einzelgehölze aufgelöst worden. Nur noch an wenigen Stellen finden sich größere, zusammenhängende Wälder, von denen die Stubnitz auf Jasmund und die Granitz die bekanntesten sind. Als größere Nadelwälder sind neben diesen beiden Laubwaldgebieten die Schmale Heide auf dem Anschwemmungsstreifen zwischen Binz und Jasmund sowie der Wald auf der Schaabe zu erwähnen. Sie bestehen vorwiegend aus Kiefern und werden nur von einzelnen angepflanzten Fichtenbeständen unterbrochen.

Die Nadelwälder Rügens stehen sämtlich auf unfruchtbarem Sandboden. Sie stellen gewöhnlich neuzeitliche Anpflanzungen dar, durch die der Mensch versucht hat, auch dem wenig wertvollen Boden noch einen Ertrag abzuringen. In ihnen überwiegt bei weitem die Kiefer *(Pinus silvestris)*, weniger verbreitet ist die bereits erwähnte Rottanne oder Fichte *(Picea excelsa)*. Neben diesen beiden Bäumen ist eine ganze Reihe anderer, meist amerikanischer Nadelbäume, stets aber nur in kleineren Gruppen, angepflanzt worden.

Im Unterholz der Nadelwälder fallen besonders zwei Sträucher auf, die unter günstigen Umständen zu kleinen Bäumen heranwachsen können: die Stechpalme oder Hülse *(Ilex aquifolium)* (Abb. F) und der Wacholder *(Juniperus communis)*. Der Wacholder erreicht nach den Angaben von Th. Beyer in der Schmalen Heide eine Höhe von fast 10 m und einen Umfang von 60 cm. Aber auch an anderen Stellen gibt es prächtige Büsche von dieser schönen Art, und die Höhen von 6—8 m sind gar keine so große Seltenheit. Derartig große Exemplare stehen den schönsten Stücken aus der Lüneburger Heide kaum nach. Besonders zur Zeit der Heidekrautblüte gewähren sie durch den starken Kontrast ihres satten Grüns zur Umgebung einen ganz prächtigen Anblick.

Weit seltener als der Wacholder ist die Stechpalme in den Rügener Wäldern zu treffen. Zu einem großen Teil ist ihre Seltenheit auf die Nachstellungen zurückzuführen, die sie wegen ihrer prächtigen, roten Beeren und wegen ihres dunkelgrünen, winterharten Laubes zu erdulden hat. Bei Mucran, am Nordende der Schmalen Heide, finden sich Hülsenbäume, die eine Größe von 8 m erreichen; ebenso hohe Stämme stehen längs der Straße bei Seehof, an der Fähre nach Hiddensee. Die Stechpalme erreicht auf Mönchgut die Ostgrenze ihrer Verbreitung; sie gibt sich damit als eine Angehörige der Pflanzengruppe zu erkennen, die mit dem Namen „atlantische Pflanzen" bezeichnet werden und die an ein ozeanisches Klima ohne strenge Winter gebunden sind. Das Holz der Stechpalme zeichnet sich durch eine ganz besondere Festigkeit aus.

Die Bodenvegetation der Nadelwälder ist in der Regel eine äußerst dürftige. Die dichte Nadeldecke, die nur schwer verwest, schließt die Luft von den Bodenporen ab und macht dadurch das Gedeihen zahlreicher Pflanzen unmöglich. Außer Moosen *(Hypnum Schreberi, Dicranum scoparium* und *Plagiothecium undulatum* mit flachgestellten, glänzendgrünen Blättern) und einigen Gräsern gibt es nur wenige Arten, die sich derartig ungünstigen Bedingungen angepaßt haben. Zu ihnen gehören in erster Linie die Wintergrüngewächse, die durch mehrere Arten vertreten sind. Die häufigste von ihnen ist das Birnbäumchen *(Ramischia secunda)*, das seinen Namen der Aehnlichkeit der Blätter mit denen dieses Obstbaumes verdankt. Von den nahen Verwandten dieser Art ist das einblütige und das schön rosa blühende mittlere Wintergrün *(Pirola uniflora* und *P. media)* häufig zu finden. Die schönste Art der Familie ist jedoch zweifellos das Winterlieb *(Chimophila umbellata)* mit etwa 10 blütigen Dolden und Blättern, die entfernt an Preißelbeerblätter erinnern. Sämtliche Wintergrüngewächse werden nicht höher als 20 cm; wegen ihrer ausdauernden Blätter sind sie zu jeder Jahreszeit leicht zu erkennen.

Zu den Wintergrüngewächsen gehört auch der durch den Mangel an Blattgrün auffallende, wachsfarbene Fichtenspargel. Da ihm die grünen Blätter, mit denen die anderen Pflanzen assimilieren, fehlen, so ist er auf vorhandene organische Nahrung angewiesen. Er entnimmt sie jedoch nicht den noch lebenden Pflanzen und ist also kein Parasit, sondern er tritt da auf, wo tote Pflanzen in Fäulnis übergehen. Die dabei freiwerdenden Nährstoffe macht er sich mit Hilfe von mikroskopisch winzigen Pilzfäden in seinen Wurzelzellen nutzbar. Wie die anderen Arten der Familie, so streckt auch der Fichtenspargel seinen Fruchtstand durch nachträgliches Höhenwachstum weit über den Erdboden. Die winzig kleinen Samen, die neben denen der Orchideen zu den kleinsten unserer Flora gehören, können so mit Hilfe des Windes bedeutend weiter verbreitet werden. Besonders schön ist der Vorgang auch beim Birnbäumchen zu beobachten.

Andere häufige Kiefernwaldbegleiter sind vor allen Dingen Schattenblümchen *(Majanthemum bifolium)* und Sauerklee *(Oxalis acetosella)*, die fast stets gleichzeitig auftreten. Beide sind nur im Innern des Waldes anzutreffen. Wird die schützende Baumschicht abgeschlagen, und findet das Licht dadurch seinen Weg ungehindert auf den Boden, so verkümmern beide und nach wenigen Jahren verschwinden sie vollkommen. Auch der Siebenstern *(Trientalis europaea)* ist an dunkle, schattige Stellen gebunden. Daß auch Heidelbeeren und Preißelbeeren in den Kiefernwäldern nicht fehlen, ist selbstverständlich. Sie können stellenweise den Boden mit einer ununterbrochenen Decke überziehen. Die schönste Pflanze unter den Kiefernbegleitern ist vielleicht das zarte Moosglöckchen *(Linnaea borealis)* mit weißen, rosa überhauchten Blüten, die stets zu zweien zusammen stehen und einen äußerst zarten Duft ausströmen. *Linnaea borealis* ist im nördlichen Europa in moosigen Kiefernwäldern weit verbreitet.

Wesentlich natürlichere Verhältnisse als der Kiefernwald weisen die L a u b w a l d g e b i e t e auf, die auch eine bedeutend reichere Begleitflora besitzen. Die Laubwälder Rügens werden meist als Plenterwald bewirtschaftet, das heißt es werden nicht, wie in der Regel in den Kieferwäldern, ganze Jagen oder Jagenteile kahl geschlagen, sondern nur alt und hiebreif gewordene Stämme herausgenommen, um dem jungen Nachwuchs Platz zu schaffen. Auf diese Weise entsteht ein Wald, der aus verschieden alten Bäumen besteht und dadurch einen recht natürlichen Eindruck macht.

Der Baum, der heute in den Laubwäldern die größte Rolle spielt, ist die Rotbuche *(Fagus silvatica)* oder auch kurz Buche genannt. Die Buche ist ein ausgeprägter Schattenbaum, der sich auf kalkhaltigem, mildem Humusboden am üppigsten entwickelt. Ihre glatten, hellgrauen Stämme tragen eine dichte Krone, die während der Vegetationsperiode nur wenig Licht auf den Boden gelangen läßt. In der Stubnitz ist sie der unbedingt herrschende Baum. Welche gewaltige Größe sie erreichen kann, zeigen die Hertabuche und die Siegfriedbuche nicht weit von der Waldhalle. Bekannt sind auch die oft gemalten Buchenhaine auf dem Vilm. Gegen die Buche treten die anderen Waldbäume Rügens, vor allem Eichen und Linden, weit zurück. Die Eiche, die besonders in der Form mit langgestielten Früchten *(Quercus robur)* vorkommt, muß früher weiter verbreitet gewesen sein als heute, worauf zahlreiche Orts- und Flurnamen schließen lassen. In der Stubnitz findet sie sich besonders im westlichen Teil am Trenzer Berg. Ganz hervorragende, uralte Eichen stehen im Park von Putbus und auf dem Vilm, wo sie geschützt werden. Auch für die Linde scheint eine ehemals weitere Verbreitung durch die Ortsnamenforschung

Pflanzenwelt

sichergestellt zu sein. Das wendische und polnische Wort für Linde ist *lipa;* in den Namen Liebitz und Liepnitz ist es unschwer wiederzuerkennen. Reine Lindenwälder sind heute eine Seltenheit geworden, umso mehr sollte das ein Ansporn sein, diese Reste in ihrem jetzigen Zustand zu erhalten.

Alle übrigen Bäume treten nur eingestreut in den großen Waldungen auf. Die Hängebirke *(Betula verrucosa)* nimmt noch mit ganz sandigem Boden vorlieb, während ihre Verwandte, die Moorbirke *(B. pubescens),* ein gewisses Maß von Feuchtigkeit fordert und dementsprechend die Wiesengründe bevorzugt. Beide unterscheiden sich dadurch, daß die Hängebirke rautenförmige Blätter und dicht mit weißen Harzpunkten besetzte Zweige besitzt; die Blätter von *Betula pubescens* sind dagegen fast eiförmig. Von den selteneren Laubhölzern sind Eberesche *(Pirus aucuparia),* wilder Apfel- und wilder Birnbaum *(Pirus malus* und *P. communis),* Vogelkirsche *(Prunus avium)* und Berg- und Spitzahorn *(Acer pseudoplatanus* und *Acer platanoides)* zu erwähnen. Weitaus am seltensten ist jedoch ein Nadelbaum geworden, der sich wie ein Rest aus grauer Vorzeit in einigen wenigen Schluchten bei Stubbenkammer noch erhalten hat: die Eibe *(Taxus baccata).* Die heftige Giftwirkung, die fast alle ihre Teile ausüben, hat bewirkt, daß sie im Volksaberglauben eine große Rolle spielt. Ihre Verbreitung wird durch Vögel herbeigeführt, die den Samen verschleppen. Die Samen sind nämlich von einem kirschroten Samenmantel (Arillus) umgeben, der von den Vögeln gern verzehrt wird und übrigens der einzige Teil an der Pflanze ist, dessen Genuß unschädlich ist. Der Samen selbst verläßt nach der Verdauung des Arillus den Darm unbeschädigt. Wie der Linde ist auch der Eibe durch Ortsnamen ein Denkmal gesetzt. Der slawische Name dieses Baumes *cis* kehrt in Thiessow, der Bezeichnung zweier Halbinseln wieder.

Ebenso artenreich wie die Waldschichte ist in den Laubwäldern das nächstniedrige Stockwerk, die Gebüschschichte. Im zeitigen Frühjahr hängen hier die hellen Kätzchen der Haselnuß *(Corylus avellana)*, später kommen die Blüten der beiden Weißdorne *(Crataegus oxyacantha* und *C. monogina)* hinzu. Um dieselbe Zeit hängt auch der Faulbaum *(Prunus padus)* voll mit weißen Blütentrauben. Der wilde Schneeball *(Viburnum opulus)* mit randlichen Schaublüten, welche die Insekten zur Bestäubung heranlocken, Pfaffenhütlein *(Evonymus europaea)*, Hartriegel *(Cornus sanguinea)* mit flachen, weißen Trugdolden, und die beiden Kreuzdornarten *(Rhamnus cathartica* und *Rh. frangula)* vervollständigen das Bild.

Auch einige Kletterpflanzen sind an dieser Stelle zu nennen. An nassen Stellen schlingt sich zwischen Erlenstämmen der Hopfen *(Humulus lupulus)* zu ansehnlicher Höhe empor. In den trockneren Buchenwäldern ist der Efeu *(Hedera helix)* eine häufige Erscheinung. Er gehört zu den Pflanzen, die die Nähe des Meeres bevorzugen. Die offenen Stellen des Waldes und noch mehr die isolierten Hecken und Gebüsche geben dem Geißblatt *(Lonicera periclymenum)*, auch Jelängerjelieber genannt, Gelegenheit zur Entwicklung.

Die Bodenflora der Laubwälder ist äußerst mannigfaltig. Stauden und Kräuter bilden ein buntes Gemisch und geben besonders zur Blütezeit oft ein farbenfrohes Bild. Die Hauptvegetationszeit der Bodenpflanzen des Laubwaldes ist der Frühling. Dann sind die Kronen der Buchen noch nicht belaubt und das Licht kann fast ungehindert bis auf den Boden gelangen. Diese kurze Zeit ist von den Kräutern eilig auszunutzen, und wenn der Sommer kommt, sind von vielen Arten kaum noch oberirdische Reste zurückgeblieben. Das schnelle Austreiben, Blühen und Reifen ist also für die Vegetation des Buchenwaldbodens äußerst bemerkenswert.

Dementsprechend ist die Zahl der Frühlingspflanzen eine recht große. Zu den ersten Frühblühern gehören das wunderbar blaue Leberblümchen *(Hepatica triloba)* und die Lerchenspornarten *(Corydalis cava* und *C. intermedia)*. Nur wenig später überdecken weiße und gelbe Anemonen *(Anemone nemorosa* und *A. ranunculoides)* ganze Waldteile. Mit ihren sechsstrahligen Blütensternen bilden sie den schönsten Schmuck der noch kahlen Waldungen. Gleichzeitig mit ihnen blüht der Sauerklee *(Oxalis acetosella),* der uns schon aus den Kiefernwäldern her bekannt ist. Auch das unscheinbare Moschuskraut *(Adoxa moschatellina)* mit grünlichen Blütenknöpfchen ist nur um diese Zeit zu bemerken. An vielen Stellen machen sich die weißen Blüten des Schattenblümchens *(Majanthemum bifolium)* bemerkbar. Das Maiglöckchen *(Convallaria majalis)* ist durch die beiden breiten Blätter schon im nichtblühenden Zustande leicht kenntlich. Durch quirlig gestellte Blätter und kleine, weiße Blüten ist der Waldmeister *(Asperula odorata)* ausgezeichnet.

Zu den Frühlingspflanzen gehören auch die beiden gelbblühenden Primeln oder Himmelsschlüssel *(Primula elatior* (Abb. A) und *P. officinalis),* von denen besonders die erste weit verbreitet ist. Selbstverständlich fehlen auch die Veilchen nicht. In der Stubnitz begegnet man einem rosa blühenden Kreuzblütler, der Zahnwurz *(Dentaria bulbifera)* (Abb. B). Durch die zahlreichen Brutknospen in den Blattachsen liefert sie ein schönes Beispiel von ungeschlechtlicher Vermehrung. Ein ziemlich hochwüchsiges Kraut ist ferner das Salomonssiegel *(Polygonatum multiflorum),* das seinen Namen den siegelähnlichen Eindrücken auf seinem Wurzelstock verdankt. Es ist durch zwei Reihen etwas herabhängender Blätter und röhrenförmige, grünlichweiße Blüten, die ebenfalls herabhängen und büschelig gestellt sind, genügend gekennzeichnet. Nicht zu übersehen ist ferner die vierblättrige Einbeere *(Paris quadrifolia),* die durch die Vierzahl ihrer Blütenteile aus dem Rahmen ihrer näheren Verwandten, der Liliengewächse (bei denen die Dreizahl vorherrscht), herausfällt. Als letzter Frühblüher sei noch die merkwürdige Schuppenwurz *(Lathraea squammaria)* erwähnt, die sich durch den Mangel an Blattgrün auszeichnet und daher ebenso wie der bereits erwähnte Fichtenspargel an vorgebildete organische Nahrung gebunden ist. Im Gegensatz zu ihm bezieht sie diese jedoch nicht aus Pflanzenteilen, die in Fäulnis übergegangen sind, sondern sie tritt als Parasit auf, der auf Hasel-, Birken- und anderen Wurzeln schmarotzt.

Mit Ende Mai schwindet der Blütenreichtum des Laubwaldes. Die Früchte der genannten Kräuter reifen mehr oder weniger schnell heran und ihre Blätter vergilben bereits frühzeitig. Es gibt nur wenig Pflanzen, die sich durch eine spätere Blütezeit auszeichnen. Das große Springkraut *(Impatiens noli tangere)* mit hängenden gelben Blüten gehört zu ihnen. Seinen Namen (es heißt auch auf deutsch Rührmichnichtan) hat es von den Früchten, deren Klappen bei der geringsten Berührung aneinander vorbeischnellen, und die dabei die Samen weit herausschleudern. Verwildert tritt gelegentlich die schöne Akelei *(Aquilegia vulgaris)* auf. Ein leicht kenntliches Doldengewächs ist die Sanikel *(Sanicula europaea),* die fingerförmig eingeschnittene, derbe, dunkelgrüne Blätter besitzt. Im Sommer blüht auch erst der schönste Schmuck der Laubwälder, der Frauenschuh *(Cypripedilum calceolus).* Diese wunderbare Orchidee ist auf Rügen, wie auch an anderen Orten, bereits so selten geworden, daß ihr gesetzlicher Schutz notwendig geworden ist. Durch eine Polizeiverordnung ist es bei Strafe verboten, sie zu pflücken, auszugraben oder in den Handel zu bringen. Es ist traurig, daß eine derartige Verordnung notwendig geworden ist! Jeder Naturfreund sollte von sich aus darauf hinwirken, daß die heimatliche Pflanzenwelt möglichst geschont bleibt. Es ist durchaus nicht nötig, daß jeder einzelne Pflanzensammler, in dem Bestreben, die Flora seines Gebiets möglichst vollzählig zu besitzen, sich an den seltensten Arten vergreift.

Im Sommer entfalten sich auch die F a r n e der Laubwälder, vor allem der große männliche Wurmfarn *(Aspidium filix mas)* und der weibliche Milzfarn *(Athyrium filix femina).* Kleinere Arten, die ebenfalls weit verbreitet sind, sind der Buchenfarn *(Aspidium phegopteris)* mit hellgrünem Laub, der Eichenfarn *(Aspidium dryopteris),* dessen unterste

Fiedern gegen die Basis des Stiels zurückgerichtet sind, und das an Abhängen häufige Engelsüß *(Polypodium vulgare)*. In den Schluchten, die sich von der Stubnitz nach Osten zur See hinabziehen, wächst der in Norddeutschland sonst sehr seltene große Schachtelhalm *(Equisetum maximum)*. Seine Höhe kann über einen Meter erreichen, die Dicke des Stammes am Grunde erreicht zwei Zentimeter. Die kleinen Bestände, die er bildet, geben eine schwache Vorstellung von den gewaltigen Schachtelhalmwäldern, die sich im Carbon, dem Zeitalter der Steinkohlenentstehung, auf der Erde vorfanden.

Hier sei auch eines Pflanzenvereins gedacht, der sich andeutungsweise in der Granitz findet. An verschiedenen Stellen treten hier hochmoorähnliche Bildungen auf, die es gestatten, wenigstens die wichtigsten Vertreter dieser Formation kennen zu lernen. Der Boden ist an solchen Stellen mit einer dicken Decke von Torfmoosen *(Sphagnum)* bekleidet, die nur gelegentlich durch einige Polster des großen Widertonmooses *(Polytrichum)* unterbrochen wird. Kräuter fehlen an derartigen Stellen fast völlig, wenn man von dem Sumpfblutauge *(Comarum palustre)* und dem Bitterklee *(Menyanthes trifoliata)* mit großen dreizähligen Blättern absieht. Dafür tritt eine Reihe von Zwergsträuchern auf. Häufig sind z. B. Blaubeeren *(Vaccinium myrtillus)* und die niedrige Krähenbeere *(Empetrum nigrum)* mit schwarzen Früchten. Zwischen beiden ziehen sich die fadendünnen Aeste der Moosbeere *(Vaccinium oxycoccus)* hin, deren Blüten an ein winzig kleines Alpenveilchen erinnern. Von höheren Sträuchern ist der Sumpfporst *(Ledum palustre)* und der Gagelstrauch *(Myrica gale)* (Abb. C) zu finden, welche auf Rügen beide nebeneinander vorkommen. In der Regel vertreten sich die beiden zuletzt genannten Arten derartig, daß der Porst die östlichen, der Gagelstrauch die westlichen Teile Norddeutschlands bewohnt. Beides sind etwa 1 Meter hohe, ästige Sträucher, die stark aromatisch duften und deshalb eine sehr prosaische Verwendung als Mottenkraut finden. Charakteristisch für zahlreiche Hochmoorpflanzen ist der weitgehende Verdunstungsschutz, den ihre Blätter in Gestalt einer derben Oberhaut oder eines filzigen Ueberzugs auf der Unterseite besitzen.

Die Beschreibung der Pflanzenwelt Rügens wäre unvollständig, wollte man nicht der Strandflora, die zu einem großen Teil aus salzliebenden Pflanzen besteht, ein besonderes Kapitel widmen. S t r a n d p f l a n z e n sind zwar überall an der rügenschen Küste zu treffen, zu besonders artenreichen Vereinen haben sie sich jedoch auf der Insel Hiddensee zusammengefunden. Von dem Dornbusch, dem hohen Diluvialkern im Norden dieser Insel, zieht sich eine niedrige, flache Sandbank 3 km weit nach Süden: die Bessinsche Schaar, an ihrer Basis Alt-Bessin genannt. Es ist ein weites Gelände, das nur im Norden niedrigen Buschwald besitzt, und das bei Hochwasser auf große Strecken hin unter dem Meeresspiegel liegt. Der Boden ist also stark mit salzigem Wasser durchtränkt; er bietet dadurch den Salzpflanzen (Halophyten) günstige Bedingungen zur Ansiedlung.

Die schönste unter den Salzpflanzen ist zweifellos die Strandaster *(Aster Tripolium)*, die sich durch ihren Blütenbau als ein Korbblütler zu erkennen gibt. Sie blüht erst spät im Jahre; ihre gelben Scheibenblüten werden von einem Kranz lila gefärbter Randblüten umgeben. Häufig ist auf Alt-Bessin das schmalblättrige Güldenkraut *(Erythraea linariifolia)*, das ebenso wie die Strandaster zuweilen an salzigen Stellen auch im Binnenland auftritt. Zu den Korbblütlern gehört ferner das gelb blühende gespreizte Greiskraut *(Senecio barbareifolius)*, das eine Höhe von einem Meter erreicht. Die Doldenblütler sind durch die wilde Sellerie *(Apium graveolens)* vertreten, ein etwa einen halben Meter hohes Kraut mit sehr kurz gestielten, weißen Blütendolden und einem durchdringenden Geruch. Große unbegraste Flächen werden zuweilen von dem Meerstrand-Wegerich *(Plantago maritima)* oder einem nahen Verwandten desselben, dem Krähenfußwegerich *(Plantago coronopus)* mit einfach- bis doppeltfiederspaltigen Blättern überzogen. Kurze und ausgebreitete, ausläufertreibende Aeste hat das Milchkraut *(Glaux maritima)*. Der Aufbau der hellrosa gefärbten Blüten zeigt, daß man es bei ihm mit einem Angehörigen der Primelgewächse zu tun hat. Zwei andere typische Strandpflanzen sind der Meerkohl *(Crambe maritima)*, ein Kreuzblütler, und die Stranddistel *(Eryngium maritimum)* (Abb. D). Beide kommen allerdings auf Hiddensee nur äußerst selten vor, auf Rügen sind sie jedoch besonders an den weniger besuchten Küstenstrecken noch hin und wieder anzutreffen. Der Meerkohl ist durch seine blaugrau bereiften, sehr großen und gewellten Blätter gar nicht zu übersehen. Nördlich von Stubbenkammer und bei Arkona gibt es kleine Bestände von ihm. Durch ebenso bereifte Blätter fällt die Stranddistel auf. In dem Schmuck ihrer blauen Blüten, deren Wirkung noch durch ebenfalls blau angelaufene Tragblätter unterstützt wird, bildet sie die schönste Zierde der Ostseeküste. Die Stranddistel gehört ebenso wie der schon erwähnte Frauenschuh zu den Pflanzen, zu deren Schutz eine besondere Verordnung nötig geworden ist, ist sie doch in der Nähe der größeren Badeorte bereits gänzlich ausgerottet. Trotz ihrer distelartigen Tracht gehört sie übrigens zu den Doldenblütlern.

Die eben erwähnten Salz- und Strandpflanzen besiedeln zu einem Teil den bloßen, vom Meer angespülten Sand; häufiger sind sie jedoch in einer Zone zu finden, die etwas weiter ab vom Strand gelegen ist und in der sich bereits eine Grasnarbe entwickelt hat. Es sind eine ganze Reihe von Arten, die sich an der Zusammensetzung dieses Rasens beteiligen. Von den echten Gräsern gibt es hier den abstehenden Schwingel *(Festuca distans)*, die Seggen sind durch *Carex distans* und *Carex extensa* vertreten, und auch die Binsen *(Juncus Gerardi* und *J. maritimus)* fehlen nicht. Wieder mehr offene Stellen werden vom Glasschmalz *(Salicornia herbacea)* und seinen beiden Verwandten, dem Meerstrandsgänsefüßchen *(Suaeda maritima)* und dem Salzkraut *(Salsola Kali)* bevorzugt. Der Botaniker wird die Bessin-Schaar nicht verlassen, ohne den gewaltigen, von der See ans Land geworfenen Wällen von Seegras *(Zostera marina)* seine Aufmerksamkeit zugewendet zu haben. Zwischen ihnen finden sich Stücke von Tangen; besonders der Blasentang *(Fucus vesiculosus)* und die an eine Darmsaite erinnernde Meersaite *(Chorda filum)* ist zu finden.

Der innere Teil der Bessin-Schaar ist ebenso wie das ganze südliche Ende von Hiddensee von niedrigen Dünen durchsetzt, die teilweise zur Befestigung mit Kiefern bepflanzt sind. Hier ist das Reich der Gräser. Blaugrün überreift erscheint der starre Strandhafer *(Elymus arenarius)*, an anderen Stellen durchsetzt der Helm *(Ammophila arenaria)* mit ebenfalls walzenförmiger Rispe und eingerollten Blättern die sonst unbewachsenen Sandflächen. Nur auf den Dünen sind auch vereinzelte Exemplare eines Schmetterlingsblütlers *(Lathyrus maritimus)* zu treffen, dessen Blütezeit in den Juli fällt.

Ein Besuch auf Hiddensee gibt gleichzeitig Gelegenheit, einige Pflanzenformationen kennen zu lernen, die man bei einem kurzen Aufenthalt auf der Hauptinsel gewöhnlich nicht zu sehen bekommt. Gemeint ist vor allen Dingen die **Heidelandschaft** „Hasensuhr", die sich südlich von Vitte erstreckt. Typische Heidebilder gibt es in Deutschland nur in den regenreichen Gebieten, das heißt vor allem im Nordosten und in einem schmalen Saum an der Ostsee entlang. In der Hasensuhr hat das gemeine Heidekraut *(Calluna vulgaris)* die Vorherrschaft. Wer die Schönheit der Heide so recht auskosten will, der komme zur Blütezeit im August her. Dann findet er auch noch vereinzelt späte Blüten der Glockenheide *(Erica tetralix)* (Abb. E), die besonders die nassen Senken besiedelt. Hier wachsen zwischen Torfmoosen noch andere Feuchtigkeit liebende Arten wie die beiden Moorbinsen *(Rhynchospora alba* und *Rh. fusca)* und das schmalblättrige Wollgras *(Eriophorum angustifolium)*. Die Blüten des Wollgrases sind nur unscheinbar; da die Blütezeit auch noch in den April fällt, ist es den meisten Menschen nur im Fruchtzustand mit wehenden, weißen Fruchtschöpfen bekannt. Zwischen Torfmoosen wachsen hier auch zwei Vertreter der fleischfressenden Pflanzen, der Rundblättrige und der Mittlere Sonnentau *(Drosera rotundifolia* und

D. intermedia). Beides sind nur unscheinbare Pflänzchen, deren Blätter mit drüsigen Tentakeln besetzt sind. Kommt ein Insekt auf das Blatt, so wird es von der klebrigen Oberfläche festgehalten, die Tentakeln neigen sich zusammen und durch ein ausgeschiedenes Sekret wird die Beute verdaut. Viele andere einfache Heidekinder, wie der Kleine Augentrost *(Euphrasia gracilis),* die Sparrige Binse *(Juncus squarrosus),* Waldfingerkraut *(Potentilla silvestris),* ein auf überschwemmtem Sand vorkommender Bärlapp *(Lycopodium inundatum),* die Rasenbinse *(Scirpus caespitosus)* und *Helosciadium inundatum* bringen Abwechslung in die riesigen Heidekrautbestände.

Kein Naturfreund wird von Hiddensee gehen, ohne auf dem D o r n b u s c h, dem schönsten Teil dieses Eilandes, gewesen zu sein. Die unendlich herbe Stimmung, die dieses Hügelland bei dem einsamen Wanderer auszulösen vermag, ist oft genug geschildert worden; hier kann es sich nur darum handeln, kurz seine Pflanzenwelt zu beschreiben. Zwischen der Hucke und dem Leuchtturm erstreckt sich ein angepflanzter Kiefernwald, der mit Ausnahme des Sanddorns *(Hippophaërhamnoides)* nichts Wesentliches bietet. Ausgedehnte Dickichte des Sanddorns finden sich auch an den Steilabhängen des Dornbuschs gegen die Ostsee hin. Sie sind es auch, denen dieser Teil der Insel seinen Namen verdankt. Bedeutend artenreicher als der Kiefernwald sind die Abhänge, die, weniger steil, in der Richtung auf das Fischerdorf Grieben abfallen. Sie sind mit vereinzelten Wacholderbüschen und stellenweise auch mit dichtem Gestrüpp von Schlehdorn *(Prunus spinosa)* durchsetzt. Auf den Rasenflächen zwischen diesen Sträuchern prunken äußerst bunte Pflanzengesellschaften, die sich allerdings weniger durch seltene Arten als durch die wunderbaren Kontraste auszeichnen, welche sie zu den ernsten Wacholderstämmen abgeben. Natterkopf *(Echium vulgare),* Ochsenzunge *(Anchusa officinalis),* Ackerknautie *(Knautia arvensis)* und die stengellose Distel *(Cirsium acaule)* unterbrechen mit ihren Blüten die Grasnarbe, begleitet vom Doldigen Habichtskraut

(Hieracium umbellatum), der Königskerze *(Verbascum Thapsus)* und dem gelb blühenden Wundklee *(Anthyllis vulneraria)*. Stellenweise werden kleinere Strecken ganz und gar von den hellpurpurnen Blüten des Thymians *(Thymus serpyllum)* übersät.

Noch einen großen botanischen Schatz birgt das Nordende von Hiddensee, das ist der prächtige Baum der schwedischen Mehlbeere *(Sorbus scandica)*, einer nordischen Art, die sonst in Deutschland nur noch in wenigen Exemplaren in Pommern und Westpreußen zu treffen ist. Im Pfarrgarten zu Kloster steht er mit seiner weit ausladenden Krone wie ein Ueberbleibsel aus verschwundenen Tagen. Niemand weiß, ob er hierher verpflanzt worden ist, oder ob er, was immerhin möglich ist, den Rest eines ehemals bedeutenderen Vorkommens dieser Art auf der Insel darstellt. Nur noch zwei andere, wesentlich kleinere Bäumchen von ihm gibt es auf dem Dornbusch.

Mit dem Besuch der Mehlbeere in Kloster möge unser botanischer Streifzug durch Rügen enden. Er hat uns gezeigt, daß Rügen so gut wie kaum eine andere Gegend des Ostseestrandes geeignet ist, eine Vorstellung von den natürlichen Pflanzenvereinen des baltischen Höhenrückens zu geben.

Die Tierwelt Rügens
von Dr. H. Fraude.

Die großen Waldungen der Ostküste Rügens decken die reich bewegten Formen der kuppigen und welligen Grundmoränenlandschaft mit Buchen, Eichen, Ahorn, Rüstern und Kiefern in buntem Gemisch und bieten einem reichen Wildbestande Aesung und Unterschlupf. Die angrenzenden Felder zeigen zerstreute Baumgruppen, Tannendickichte, sogenannte Remisen, Erlenbrüche und tiefe, mit Weiden, Schlehen und Wildrosen überwucherte „holle Bäken", die jeglichem Wilde Zuflucht bieten. Zudem ist die Insel trotz hervorragenden Bodens wenig bevölkert, 55 Einwohner auf den Quadratkilometer, weil der Großgrundbesitz vorherrscht. Dieser hat sich von jeher die Hege des Edelwildes angelegen sein lasen. Den an die Wälder angrenzenden Landwirten ist der Wildreichtum allerdings eine schwere Schädigung; Zeitungsanzeigen: „Wildhüter gesucht", bedeuten, daß man Männer braucht, die das nachts austretende Wild aus den Feldern verjagen sollen. So kommt der Freund des jagdbaren Wildes sicher auf seine Kosten. Aus den zahlreichen Wildfährten, die kreuz und quer durch den Wald führen, mag er die Rudel des Rotwildes, die Stärke, das Alter und das Geschlecht der einzelnen Stücke ausmachen. Wenn er sie zu Gesicht bekommt, wird er auf die Biegung der Stangen und die innen gerichteten Kronenden achten, die dem reinrassigen Küstenhirsch *(Cervus elaphus)* eigen sind. Zuweilen macht sich, besonders in den PUTBUSER Revieren, die Blutzufuhr aus UNGARN in den weitausladenden Geweihen bemerkbar. Auf den Wildwechseln sind gleichzeitig die der Forst so schädlichen Unarten des Verbeißens, Fegens und Schälens zu erkennen. Daran sind besonders die Damhirsche *(Cervus dama)* beteiligt, die in großen Rudeln leicht anzutreffen und mitunter von der Bahn aus zu beobachten sind, in ihren schön weiß-rot gefleckten, schwarzen oder auch rein weißen Decken. Es handelt sich bei ihnen aber nicht um alteingesessene Herren des Waldes, sie sind erst im 17. Jahrhundert aus den Mittelmeerländern eingeführt. Auf einsamen Waldwegen findet man gelegentlich abgeworfene Schaufeln. Will man ihre Geweihe, die außerordentlich abändern, genauer studieren, so bieten der PUTBUSER WILDPARK und die Geweihsammlung des JAGDSCHLOSSES hervorragende Gelegenheit. Rehwild *(Cervus capreolus)* ist allerorten reichlich und sehr vertraut. Es gibt kein anmutigeres Bild als eine Ricke mit Kitz in den frischen Wiesen um Putbus. Zur Winterszeit sind die Futterraufen und Wildscheunen mit Hafergarben, Heu und Kastanien für sie bereitgestellt. Trotzdem gehen viele ein, wenn der Schnee oberflächlich durch die Kälte verkrustet, so daß sich die Läufe durchscheuern und vereitern; dann ist der Fuchs *(Canis vulpes)* gut zuwege, und als Sanitätswache ist er überall bis zu einem gewissen Grade geduldet. Uebel wird es für ihn, wenn er bei Treibjagd auf Fasanen statt dieser zu zweit oder dritt im Kessel auftaucht, und das soll vorgekommen sein. Dann fährt das Blei durch seinen roten Rock, und es hilft ihm nicht die wahre Geschichte, daß einem erlegten Fuchs 21 Mäuse im Fang gezählt wurden. Dächse *(Meles taxus)* sind in den Steilufern MÖNCHGUTS und im GREMMINER Walde. Dort fand der Förster als große Seltenheit ein 14 Tage altes Dächslein tot auf dem Waldboden. Der Fuchs hatte es aus dem Bau geschleppt, nachdem die Alte zuvor vom Förster auf die Decke gelegt war. Beide sind ausgestopft in der Putbuser Sammlung. Wildsauen *(Sus scrofa)* hat die Gräflich DOUGLAS'sche Forstverwaltung in den AUGUSTENHÖFER Waldungen ausgesetzt, von wo sie auch nach der SCHMALEN HEIDE hinüberwechseln. Dort trifft man in den Mooren Sauen mit Frischlingen und ihre Wühlereien auf den angrenzenden Feldern. Schlimme Wühler sind auch die Kaninchen *(Lepus cuniculus)*. Um 1907 waren sie so verbreitet, daß ihre Nagezähne keinen Jungwuchs in den Wäldern mehr aufkommen ließen, daß selbst große Stämme infolge ihres Schälens zugrunde gingen. Nach schneereichen Wintern waren noch lange die Höhe des Schnees und der Verlauf der Schneeschanzen an dem gänzlich abgeschälten

Strauch- und Baumwerk zu erkennen. Frettchen, Fangnetze und Schwefelkohlenstoff konnten ihrer nicht Herr werden, bis eine Seuche sie fast aussterben ließ. Vordem hatte man sie gar stellenweise ausgesetzt, um Schießgelegenheit zu haben. Im Sumpfwald, wo meterhohe und dicke Erlenstubben mit vielen Höhlungen und Stockausschlägen stehen, ist der I l t i s *(Putorius foetidus)* zu Hause. Gar manchen apportierte ein schneidiger „Stichelhaariger" aus solchem Raubholz. Wo an den trockenen Revieren mit sandigem, nadelbedecktem Boden dichte Gränen (Fichten) stehen, ist in den Abendstunden großes Leben. Da baumen die F a s a n e n *(Phasianus colchicus)* auf, und das geht nicht ohne Hadern und Hacken ab. In der Putbuser Fasanerie werden sie zu Hunderten von Puten ausgebrütet, die Eier werden allenthalben zusammengesucht unter Beteiligung der Dorfjugend. Die W i e s e l *(Putorius nivalis* und *P. ermineus)* sind auch gute Eiersammler. Um die Zeit fängt sie der Fasanenmeister zu Dutzenden in Kastenfallen an den Eingängen der Fasanerie. Die Eichhörnchen *(Sciurus vulgaris)* sind so zahlreich, daß sie zuweilen in die Baumgärten der Ortschaften eindringen.

Alle Arten von Drosseln, die Sing-, Ring-, Wein-, Wacholder- und Misteldrosseln treten in großen Scharen auf. Ringel- und Hohltauben nisten in den Eichen. Sprosser, Laubsänger, Grasmücken und das Heer der Kleinvögel erfüllen die frühen Morgenstunden mit ihrem Sang. Die Natur, die das Eiland mit nie genug zu schätzenden, landschaftlichen Reizen ausgestattet hat, ist auch in dieser Hinsicht nicht sparsam gewesen. Das gilt ebenso von der Tierwelt der umgrenzenden Gewässer. Die reiche Gliederung des Landes, das Hervortreten von Halbinseln und Inseln, das Eingreifen von Buchten und Wieken hat jene Form der Boddenküste entstehen lassen, die für Rügen kennzeichnend ist. Der Meeresgrund selber ist von ähnlicher Unruhe. Auf unterseeischen Kuppen und Bergrücken liegen Steinriffe, aus denen die Brandung die leichter beweglichen Sandmassen herausarbeitet, über tiefe Rinnen und Senken breiten sich Schlickstellen, und flache Mulden sind mit zusammenhängenden Seegraswiesen überzogen. Auf den Sandschaaren sind Armleuchtergewächse, auf den Steintrendeln Blasentange. Das sind die Vorbedingungen, die zu einem allerdings schwankenden Fischreichtum geführt haben. Auf Zeiten unbezwingbaren Ueberflusses sind solche ernsten Mangels gefolgt. Das meiste Fanggerät, das den Wanderer an den Küsten begegnet, gilt dem Hering. Je nach der Jahreszeit wechselt es; im Frühjahr wird eine besondere Rasse mit dem großen *Garn*, einem Zugnetz von gewaltigen Ausmaßen, gefangen, oder mit den *Reusen*, jenen riesig großen, an vielen eingerammten Pfählen mit Ankern befestigtem Netzwerk erbeutet. Beide Fangmethoden haben ungezählte Zentner Heringe aufs Land gebracht, so daß man früher teils die Felder damit gedüngt hat, weil man des Meeressegens nicht Herr wurde. Zuweilen ist, wie der Fischer sagt, auch nicht „die Art" angetroffen worden. Der Sommerhering, eine größere und fettere Rasse, wird mit *Stellnetzen* gefangen. Das sind die feinen, im Winde leicht flatternden Schleier, die rings an der Küste in den Mittagsstunden zum Trocknen an den Netzstecken hängen. Bei Sonnenuntergang werden sie ins Waser in senkrechter Stellung eingesetzt, oben durch Korke flottgehalten, nach unten durch Feuersteinsenker gespannt. Gegen sie sollen die *Heringsstümen*, die vagabundierenden Schwärme, anschwimmen und sich mit den Kiemen festhaken. Diese Heringszüge streben zu ihrer bestimmten Zeit aus der inneren Ostsee an die Küsten, Wind- und Eisverhältnisse bestimmen ihre Marschrouten, um in den tang- und seegrasreichen Küstenrevieren dem Laichgeschäft obzuliegen. Die Gewässer der stilleren Buchten und Bodden lassen die junge Brut leichter aufkommen und päppeln sie mit ihrer eigenen Kleinlebewelt an Würmern und Krusten zuverlässig auf. Die zum Laichgeschäft schreitenden Fische sind immer gut genährt, und deshalb sind ihre Fänge für die zahlreichen Räuchereien und Marinieranstalten der Küste besonders begehrt. Die Flunder tritt in zwei Formen, die als rauhe und glatte bezeichnet werden *(Pleuronectes platessa* und *P. flesus)* auf. Die letzteren weiden auf weichem Grund, die anderen auf kiesigem Muschelgrund, in den sie sich gerne eingraben, so daß nur die plumpen Augen hervorsehen. Aufgescheucht werden sie durch die Strohquasten, die an den langen Fangleinen über den Boden gezogen werden. Alsdann nimmt sie die hinterdrein folgende *Flunderzeese,* der grobmaschige Netzsack, in sein Inneres auf. In den Bodden gibt es das *Streuverfahren,* bei dem gewisse Kessel zusammengetrieben werden, draußen am Außenstrand das *Schörverfahren,* bei dem starke, gedeckte Boote große, von Schörbrettern offen gehaltene Netze über den Boden wegziehen. Die Boote haben einen Wasserraum im Innern, sodaß sie die Fische springlebendig ans Land bringen. Ein weiterer außerordentlich wichtiger Nutzfisch ist der Aal *(Anguilla vulgaris),* um dessen Fang sich tagaus und tagein viele Hände mühen. Da gibt es Aalangler, -Zeesener, -Stecher, -Reusener, -Segler, -Hauer und solche, die ihn mit der *Strickwade* in den muldenförmigen Rinnen der Sandriffe in mondlosen Nächten fangen. Den Höhepunkt bezeichnen die Fänge in den stürmischen August- bis Oktobernächten, wenn der Blankaal, aus den Binnengewässern dem Laichtriebe folgend, zum Meere strebt. Es gibt kein anziehenderes Tierbild unserer Breiten, als das die *Fischligger* gewähren, in denen einige Zentner dieser ungestümen, kraftvollen, armlangen Tiere in gorgonischem Geschlängel sich über- und unter- und durcheinander winden mit pfeilschnellen Bewegungen. Wenige Stunden später hat diesem Ueberlebensdrange der rußige Räucherspieß ein jähes Ende gemacht, und im schweligen Rauch der Eichenspäne bräunen sich die Leiber zu wertvoller Handelsware. „De Oal hett äwer Joahr gauden Gang", schmunzelt der Mönchguter Fischer, wenn er morgens die schweren *Bügelreusen* hebt. Die ganze Musterkarte der übrigen Meeresbewohner breitet sich vor uns aus, wenn wir im Mai mit zu den *Heringsreusen* ausfahren. Wenn die Totenkammer hochgewunden ist, dann klatscht und patscht es in allen

Formen und Farben. Die langschnäbligen Hornfische und Lachse sind die stärksten, Hechte, Brachsen, Schnepel, Aländer, Steinbutten in buntem Durcheinander, Maifische, Neunaugen, Almöven, Seebullen und Knurrhähne, alles tobt und schlägt auf seine Art mit Schwanz und Flosse. Gelegentlich mag auch ein zentnerschwerer T ü m m l e r oder ein S t ö r alles in Aufregung versetzen. Als tote Vogelleiber sind schon die großen P o l a r s e e t a u c h e r und N o r d s e e t a u c h e r in den Reusen gefunden worden. Die Freßlust hatte sie in das Labyrinth der Reuse gelockt, und die glänzenden Wasserkünstler ertranken buchstäblich.

Es ist nicht erwiesen, ob die Fischer mit all ihrem Netz-, Angel- und sonstigen Fanggeräten den Hauptanteil an der Produktion des Wassers haben. Sie selber leugnen es entschieden und stützen sich auf die Geschichten, die sie mit allerhand Fischräubern erlebt haben. Wenn sie morgens beim Ansegeln ihrer Netze in der Nähe der mit kleinen Fähnchen versehenen Ankerschweken schon Fischköpfe treiben sehen, dann wissen sie, daß der S e e h u n d *(Phoca vitulina)* sie um den Ertrag ihrer Arbeit gebracht hat. Einige Hunde, die dann wie zum Hohn ihre blanken Köpfe und blöden Augen in einiger Entfernung vom Boot auftauchen lassen, haben die Netze abgelesen, hier und dort die Fische halb durchgebissen und den Netzen große Löcher mit ihren kralligen Vorderfüßen beigebracht. Es scheint ihr Grundsatz zu sein, die Netze möglichst kahl zu fressen ohne Rücksicht auf die Fassungskraft ihres Magens. Schleimige und ölige Spuren auf dem Wasser verraten tierische Unmäßigkeit. Da schluckt auch der ruhige Fischer den Fluch nicht hinunter, sondern spuckt noch dazu über Bord, voll Haß und Abscheu. Das OTTERNRIFF unterhalb des NEUKAMPER Denkmals weist auf einen anderen vielerfahrenen Fischer und auch auf Fischreichtum hin. Eine BÄK ist in der Nähe, das sind die eigenartigen, oft viel gewundenen Strömungsrinnen, die eine INWIEK mit dem Außenwasser in Verbindung halten. Durch sie geht immer ein lebhafter Strom und reger Fischverkehr. Das wissen auch die Fischottern *(Lutra vulgaris)*. Sie kennen auch die Gewohnheiten der Fischer und sehen sich auch mal in ihren Booten um: Die Zeesener sind eben heimgekommen. Etliche Pfund Aale sind im Wasserraum des Bootes. Bei dem Schneegestöber läßt man sie darin, ohne sie in den Fischkasten zu verschließen, und eilt in die warme Stube. Als man die Aale später abholen will, ist der Wasserraum leer, die breiten Fährten im Schnee verraten den gefälligen Abnehmer. Wo der Bahndamm kurz vor SASSNITZ die Enge zwischen den beiden JASMUNDER Bodden überschreitet, liegt die kleine Station LIETZOW. Sie ist bekannt als prähistorische Wohn- und Werkstätte. Durch die Schleusen unter dem Bahndamm tauschen sich die Wasser der beiden Bodden aus. Dem Schleusenmeister bescheren sie dabei manches Fischgericht. Der Zander, aber auch Hechte und Barsche sind in den krautreichen Gewässern gut genährt. Das mögen auch die Fischreiher *(Ardea cinerea)* bedacht haben, als sie auf der vorgelagerten Insel PULITZ ihre Kolonie anlegten. Wer aus dem Zuge Ausschau hält, wird die großen, grauen Gesellen mit eingezogenem Hals und langgestreckten Beinen durch die Luft mit schweren Flügelschlägen rudern sehen, oder sie auf Reusenpfählen krumm und nachlässig hockend finden. Vor Morgengrauen ist der Reiher auf seinen Fangplätzen, und wenn er junge Brut zu ätzen hat, herrscht regstes Leben in der Kolonie, die trotz allen Einspruchs der Fischer von ihrer Gräflich DOUGLAS'schen Grundherrschaft geschützt wird. Der „SCHETTREIHER" mit seinem heiseren „Kraah" ist nun einmal ein seit alters eingesessener Raubritter, und meidet mißtrauisch und feindselig den Menschen, ohne sich von ihm verdrängen zu lassen. Der Kormoran *(Phalacrocorax carbo)* war es früher auch, jetzt ist er allerdings seltener geworden. Die Brutplätze am Kleinen Jasmunder Bodden sind nicht mehr regelmäßig bewohnt. Und doch ist es eine besondere Freude, diesem glänzenden, kraftvollen Vogel im Revier zu begegnen. Die großen Heringsreusen haben es ihm in der Regel angetan, denn von ihren

Pfählen aus kann man leicht fischen. Ansegelnde Boote werden aber schon von weitem durch Abstreichen quittiert. Unweit seiner Brutplätze ist einer der wenigen ADLERHORSTE, die es heute noch auf Rügen gibt. Ganz abgelegen von allem Fremdenverkehr liegt er auf einer waldigen Halbinsel, von allen gemieden, die der Nachwelt nicht Abbildungen oder ausgestopfte Bälge, sondern den frei über See und Wälder kreisenden Seeadler *(Haliaetus albicilla)* überliefern möchten. Selbst sein Grundherr, der FÜRST ZU PUTBUS, meidet auf der Jagd die Gegend des Horstes. Aber aller Schutz versagt oft gegen geschäftslüsterne Eiersammler. Wenn mit dem Frühjahr die Scharen der nordischen Enten die Gewässer Rügens verlassen, streicht der Seeadler gelegentlich tiefer ins Land: was hat das Krähenvolk dort auf der Brache? Sie recken die Hälse, sichern. Zwei Bussarde zwischen ihnen tuns ihnen gleich. Der Rest eines frisch gekröpften Hasen hat sie angelockt, wozu aber die Unruhe? In der breit ausladenden Krone der Eiche, die einsam im Felde steht, hockt etwas Großes, als säße ein Mann auf dem obersten Ast. Wir dürfen uns ruhig nähern; dann aber streicht er ab. Mit mächtigen Flügelschlägen nach See zu über die Insel Vilm. — Die Bezeichnungen „VOGELHAKEN" oder „GÄNSEHAKEN" oder „VOGELWERDER" deuten an verschiedenen Punkten der Küste auf besonderen Vogelverkehr hin. Während sonst sich die Vogelwelt verteilt, Rotschenkel, Bekassinen, Uferschnepfen und Brachvögel solche Küstenplätze aufsuchen, wo nasse Sumpfwiesen an die See stoßen, sind Säger, Taucher und manche Entenarten in der Nähe der Steilküsten, Bläßhühner und Rallen bei den Rohrplänen, die Möwen, Gänse, Schwäne, Kampfläufer und Austernfischer auf den flachen Sandriffen, die sich als mächtige Haken an die Sockel der vorspringenden Steilufer anlehnen. Wo man sich auch immer befindet, ob zwischen der Blockpackung des Vorstrandes, oder auf dem flachen Sandstrand, oder auf den sonnigen Steilufern, bald wird man die hier angesiedelten Vogelarten aus-

machen, sei es, daß sie beim geschäftigen Fischfang
oder beim ruhigen Verdauungsgeschäft, bei dem
reich bewegten Paarungs- oder dem hingebenden
Brutgeschäft sind. Hier huschen mit eiligem Flügel-
schlage zwei weiße Vögel an uns vorbei, es sind
Z w e r g s ä g e r *(Serrator albellus)*. Auf dem Wasser
voraus treiben ihrer fünf: es ist der größere Vetter,
der G ä n s e s ä g e r *(Mergus merganser)*, zwei
Weibchen und drei schön geputzte Männchen. Sie
treiben Liebesspiele, recken die Hälse, sträuben den
Schopf, tauchen unter und jagen sich. Der m i t t -
l e r e S ä g e r *(Merrus serrator)* ist dort, wo Heiden
mit Wacholderbüschen in der Nähe sind. Dazu
gesellt sich eine große Mannigfaltigkeit von Enten,
die je nach der Jahreszeit wechseln. Sie bilden oft
nach Hunderten zählende *S c h o o f s,* und wenn ein
Boot ihnen folgt, wälzen sie sich wie eine lebendige
Welle vorwärts. Die hinteren überfliegen die vor-
deren und fallen wieder ein, bis sich die ganze
Gesellschaft in die Luft erhebt und in endlosen
Ketten davoneilt. Es ist nur möglich, auf die Fülle
der Formen und ihre Eigenarten hinzuweisen. Der
Höhepunkt ist immer das zeitige Frühjahr mit
seinem Paarungsgeschäft. Alsdann die Möwenkolonie
am SCHMACHTER SEE aufzusuchen, wenn die
Tausende in unermüdlicher Geschäftigkeit wie
Schneeflocken in der Luft wirbeln, diesem Treiben
aus der Krone einer der alten Kiefern zuzuschauen,
ist ein unauslöschlicher Eindruck. Aber auch
düstere Bilder gibt es. Wenn die G r a u g ä n s e
(Anser anser) im Mai in der Mauser sind, dann
segeln die Fischerburschen sie luvwärts an und
treiben sie auf die flachen Sandbänke. Dort ziehen
sich einige Burschen die Hosen aus, greifen die
flugunfähigen Vögel und binden immer zwei mit
den Flügeln zusammen. Nachher werden sie auf-
gesammelt. In der Gefangenschaft fressen sie nur
des Nachts und sollen recht gut schmecken. Die
R o t t g ä n s e *(Anser tadorna)* werden im November
gejagt. Um diese Zeit löst sich das Seegras vom
Grunde und wird oben von den Gänsen abgeweidet.
Dabei sind sie so eifrig, daß die Boote in Lee
ziemlich nahe kommen. In dem Augenblicke, wo

sie sich aufnehmen, brennen die Schrotladungen los. Mit langen *Keschern* wird die Beute ins Boot geholt. Zu Eis geht es im Winter den Schwänen zu Leibe. Wenn das Eis recht glatt ist, treibt man sie vom Piekschlitten aus mit dem Winde, so daß sie sich nicht aufnehmen können. Ein guter Schwan wiegt seine 26 Pfund. Unter dem Federkleid hat er das feine Daunenkleid. Erst wird er vorsichtig gerupft und dann zieht man den Daunenbalg ab. Das Fleisch ist nur im Kriege gegessen worden. Es gehört schon ein guter Magen oder großer Hunger zu der Kost. Jungschwäne sollen erträglich schmecken. Um die Zeit schiebt der Wind oft große Eisberge an der Küste zusammen. Dahinter postieren sich die Entenjäger. Auf den ersten Schuß erhebt sich die ganze Gesellschaft vom Wasser, fliegt ein paarmal im Kreis herum und kehrt wieder zurück, um weiter im Wasser zu fischen, denn jetzt ist die nötige Atzung nicht so leicht zu haben wie im Herbst, als die Bucheckern reif waren. Auf den Bergufern war da unter den alten Buchen ein Gewatschel und Geschleck, daß es eine Lust war, zuzuschauen. Zwei Schrotladungen vom Baum aus können da Massenmord anrichten. Daß den düsteren Bildern nicht die Lichtseiten fehlen, daß die Kreatur nicht restlos „vogelfrei" ist, sondern auch eine Heimstätte hat, das läßt sich der Bund „Vogelschutz", Sitz STUTTGART, angelegen sein, der mit schönem Erfolg Schutzbezirke eingerichtet und unter Bewachung gestellt hat. Jedermann ist ihm als Mitglied und Mitarbeiter willkommen. Wer möchte auch irgendeins von den Großen und Kleinen, die an uns vorüberzogen, missen! Wer nach Rügen kommt, hat ein Recht darauf, eine Schatzkammer der Natur zu erwarten. Der Name Rügen bedeutet etwas! Möge er nie infolge sinnloser Verfolgung der Tierwelt an seiner Bedeutung Einbuße erleiden.

Die Bäche und Quellen Jasmunds und ihre Tierwelt

von Professor Dr. August Thienemann.

Wer den einzig schönen Uferwaldweg von Saßnitz nach Stubbenkammer wandert und hinabsteigt in das Tal des Kieler Bachs, glaubt sich plötzlich in unsere mitteldeutschen Berge versetzt. Da plätschert ein klarer Bach in tief eingerissener Schlucht über Blöcke und Steine, hier einen Wasserfall bildend, dort langsamer rieselnd und die spärlich durch das Laubdach gewaltiger Buchen hindurchdringenden Sonnenstrahlen widerspiegelnd. Und es sind tatsächlich Quellen und Bäche von Charakter der Mittelgebirgsgewässer, — vordem auch, wie diese heute noch, von Forellen besiedelt —, die durch die Stubnitz gen Osten fließend, teilweise in gewaltigem Gefälle in die See stürzen. Aber bei aller Aehnlichkeit, die die Jasmundbäche mit einem Bache etwa des Harzes oder des Thüringer Waldes aufweisen, bestehen doch tiefgreifende Unterschiede zwischen beiden. Denn der Bergbach Mitteldeutschlands nimmt seinen Anfang mit einer gleichmäßig kühl temperierten, Sommer wie Winter höchstens um einige wenige Grad vom Jahresdurchschnitt der Luft abweichenden Quelle, und je weiter man talabwärts kommt, um so wärmer wird das Bachwasser im Sommer, um so kälter ist es im Winter. Die größeren Stubnitzbäche dagegen beginnen im allgemeinen weit im Innern der Stubnitz mit einem, in einer ursprünglich abflußlosen Senke gelegenen, sonnigen Quellmoor bezw. einer Quellwiese; daran schließt sich ein flaches, schwach rinnendes Verbindungsstück, das erst unweit des Strandes in die kurze, klammartige Schlucht übergeht, die der Uferwaldweg kreuzt. In dieser Erosionsschlucht erst schneidet der Bach die mit Grundwasser gesättigten Sande über dem unteren Geschiebemergel an, und daher zeigt das Bachwasser im Ober- und Mittellauf große Temperaturschwankungen; erst der Unterlauf des Baches führt gleichmäßiges kühles

Wasser; dieser entspricht also der Quelle des Bergbaches. Und naturgemäß ist im Winter Ober- und Mittellauf kälter als der Unterlauf, im Sommer ist das Verhältnis umgekehrt. So betrugen im Kieler Bach die Temperaturen am 7. Mai 1905 im Quellmoor 15,25 ° C, im Verbindungsstück 13,5 ° C, in der Erosionsrinne 12 ° C, am 11. Februar 1906 im Quellmoor 0 ° C, im Verbindungsstück 0 ° C, in der Erosionsrinne 2 ° C. Ein eigentlicher kalter „Bergbach" ist der Bach Jasmunds, so paradox es klingen mag, nur in seinem Unterlauf, in der Erosionsrinne. — Eine weitere Eigentümlichkeit der Jasmundbäche, die sie mit den Gewässern der Kalkgebirge, vor allem des Karstes, teilen, besteht darin, daß sie zeitweilig stellenweise im Untergrunde völlig verschwinden können und dann talabwärts, zum Teil erst in dem Steilufer wieder zutage treten. So floß im Jahre 1921 noch der Wissower Bach normal oberirdisch bis an den Steilabfall des Ufers und stürzte hier in kleinen Wasserfällen zum Strande herab. 1922 (ebenso wie in den folgenden Jahren) bot er ein anderes Bild: etwa 15 m landeinwärts von dem Beginn des Uferabsturzes (in etwa 40 m über NN) verschwindet er vollständig im Untergrund, und erst tief unten im Uferabsturz, etwa 8 m über NN, tritt er an mehreren Stellen (1924 waren es vier) wieder zu Tage. Das typischste derartige „Karstphänomen" zeigt der Briesnitzer Bach in seinem Mittellauf; das Meßtischblatt Sagard verzeichnet hier über dem „er" von „Kieler Kämme" eine merkwürdig gegabelte Klamm im Bachlaufe. Oberhalb der Klamm tritt der Bach in einen von steilen Höhen umrandeten Kessel mit flachem, annähernd horizontalem Boden. Er verschwindet, je nach den Niederschlagsverhältnissen, mehr oder weniger weit oberhalb der Klamm durch Versickerung vollständig. Und in dem südlichen Arm der Klamm kommt er, etwa 5 m tiefer, wieder hervor; am 24. Mai 1924 betrug die Bachtemperatur an der Versickerungsstelle 14 °, an der Austrittsstelle aber 5,8 °, das heißt das Wasser des Baches verschwindet vollständig im Grundwasser, und dieses tritt in der Klamm wieder zutage.

Solch kaltes Grundwasser wird nun nicht nur in den Uferschluchten und Bachtälern angeschnitten und bildet hier Quellen; auch im Innern Jasmunds treffen wir kalte Quellen nicht selten an; im Walde bilden sie Quellsümpfe, in Nordjasmund finden wir sie auf kahlen Wiesen und Mooren; vielfach lagern sie große Mengen Eisenocker ab, stets aber sind sie, wie auch die Bäche, überaus kalkreich (bis rund 0,15 g Kalk im Liter Wasser). Dieser Kalkgehalt ist die Ursache stellenweise großartiger Bildungen von Kalktuff. Das schönste Beispiel hierfür bietet die 1 km nordwestlich von Stubbenkammer gelegene Schlucht am Stubbenhörn. Diese fällt von 85 m über NN steil zum Meere ab; in etwa 45 m Höhe tritt eine Quelle hervor, vor der sich ein großer horizontaler Sumpf ausdehnt. Moose der Gattung *Cratoneuron* haben dem Wasser den Kalk entzogen und gewaltige Moostuffmassen gebildet, die die „Mauer" bilden, hinter der sich dieser Sumpf aufgestaut hat. Sie stellen in ihren oberen Partien meterhohe Tuffstufen dar und bis herab zum Strande zieht sich eine ganze Kaskade oder Treppe solcher, etwas niedrigerer Tuffgebilde. An der Grenze von Steilufer und Strand steht ein abgerutschter, noch in dauerndem Wachstum begriffener, überrieselter Tuffblock, dessen Ausmaße 6 m in der Länge, 3 m in der Breite und etwa 2 m in der Höhe betragen. Quelltuffbildungen in solchem Umfange wie am Stubbenhörn dürften sich in Norddeutschland nirgends wieder finden. Kleinere Tuffgebilde treffen wir im Steilufer Jasmunds an vielen Stellen an.

Auch Schwefelquellen gibt es auf Jasmund, schon Boll berichtet 1858 in seinen Rügener Reiseerinnerungen von einer solchen (zwischen Saßnitz und Sagard gelegen), die aber jetzt verschwunden ist. Doch finden sich heute im oberen Kollickerbachtale, südlich der Lehmschöter Berge (unter dem „m" von „Lehmschöter" des Meßtischblattes Sagard) zwei kräftige Schwefelquellen. Schon auf dem Wege, der im Bachtale herabführt, macht sich da ein starker Schwefelwasserstoffgeruch bemerkbar, und in der Quelle am linken

Bachufer und ihrem Ablauf in den Bach sind alle Steine und Blätter mit schneeweißen Ueberzügen von Schwefelbakterien besetzt. Wahrscheinlich ist der Schwefelwasserstoffgehalt dieser Quellen auf die Zerstörung der Strahlenkies- oder Markasitknollen zurückzuführen, die in der Kreide lagern, aus der die Quellen entspringen.

Die Tierwelt der kalten Bäche bezw. Bachteile und Quellen Jasmunds bietet mancherlei Interessantes. Fische treffen wir in diesen immerhin kleinen Gewässern kaum an; die früher vorhandene Bachforelle ist verschwunden; nur im Steinbach bei Saßnitz finden sich künstlich eingesetzte Forellen; und in anderen Bächen, z. B. der Brunnenau bei Sagard, wühlt in Schlamm und Sand die blinde Larve des Bachneunauges. Mannigfaltig dagegen ist die Kleintierwelt. Da treffen wir Insektenlarven, Wasserkäfer, Wassermilben, niedere Krebstiere, Schnecken und Würmer, teilweise in den gleichen Arten an, die uns in unseren Mittelgebirgen begegnen. Aber wenn es sich auch hier um über hundert verschiedene Tierarten handelt: verglichen mit der Bach- und Quellenfauna etwa des Thüringer Waldes ist diese Rügenfauna doch arm an Arten, fast noch ärmer als die ebenfalls artenarme Tierwelt der kalten Bäche und Quellen der festländischen norddeutschen Tiefebene. Das hat verschiedene Gründe. Sicher spielt die Kleinheit des Gebietes und die insuläre Abschließung Rügens da mit; aber gewiß nur in geringem Grade. Wichtiger ist schon der enorm hohe Kalkgehalt der Jasmundwässer; denn jede Abweichung von der normalen Zusammensetzung des Wassers nach irgendeinem Extrem hin bedeutet für die Wassertiere eine Verschlechterung der Lebensbedingungen. Aber der Hauptgrund ist doch der folgende: in den mitteldeutschen Bergländern und den Voralpen konnten sich während der großen Eiszeit die typischen Bach- und Quellenbewohner der Voreiszeit erhalten. Norddeutschland (und Skandinavien) aber lag unter einer mächtigen Gletscherdecke begraben; es mußte sich nach Rückzug der Gletscher mit Tieren und Pflanzen neu besiedeln. Aber den echten Bachtieren boten die meisten Ge-

und ihre Tierwelt

wässer der Ebene keinen günstigen Lebensraum, daher konnten nur wenige, nicht so extrem auf Bergbäche und Quellen angewiesene Arten aus Mitteldeutschland nach Norden vorstoßen; und ebenso konnten aus den entfernteren Gebirgen des Ostens nur eine geringe Anzahl von Kaltwasserorganismen nach Westen gelangen, da auch für sie große Ebenen mit ungeeigneten Lebensverhältnissen die Wanderung erschweren. Zwei Arten unter den Bach- und Quelltieren Jasmunds mögen als besonders interessant hier eingehender behandelt werden.

Einmal die Alpenplanarie, *Planaria alpina*, ein grauschwarzer, plattgedrückter Wurm von maximal 12 mm Länge, von weicher Konsistenz und dem allgemeinen Habitus etwa eines Blutegels. Wir treffen diesen Strudelwurm unter Steinen und Pflanzen platt angeschmiegt oder langsam und träge kriechend in den kalten Bachteilen, vor allem aber in den Quellen Jasmunds in Mengen an. *Planaria alpina* ist in Europa in den Gebirgen Skandinaviens und Schottlands sowie den Alpen weit verbreitet

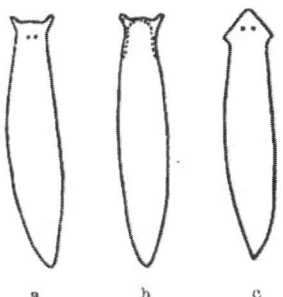

a   b   c
Fig. 1. Die 3 Bachstrudelwürmer.
a) Planaria alpina   b) Polycelis cornuta   c) Planaria gonocephala.

in Bächen und Quellen, im Hochgebirge auch in Seen, im Mittelgebirge lebt der Wurm nur in den Quellen und allerobersten Bachteilen; im Mittellauf der Bäche finden wir einen anderen Strudelwurm, *Polycelis cornuta*, den Unterlauf der Bäche und die

Flüsse bevölkert eine dritte Art, *Planaria gonocephala*. Aus der Tiefebene ist *Planaria alpina* nur aus wenigen Quellen bekannt; auf der Kreideinsel Möen lebt sie unter gleichen Verhältnissen wie auf Jasmund. Die Alpenplanarie ist ein sogenanntes stenothermes Kaltwassertier, d. h. sie ist an niedrig temperiertes, nur geringe Schwankungen aufweisendes Wasser gebunden. Jährliche Temperaturschwankungen von 10 bis 11° im Mittelgebirge, von etwa 13,5° auf Rügen stellen die äußerste Grenze dar, bis zu der unser Wurm vorkommt; die günstigsten Bedingungen bieten ihm bei uns Gewässer, deren Temperatur im Laufe des Jahres möglichst konstant etwa 7 bis 8° beträgt.

Wie ist nun *Planaria alpina* an all die einzelnen, zum Teil weit von einander entfernten Stellen gekommen, an denen sie heute lebt? Wir wissen, daß eine Verschleppung durch die Luft, etwa an den Beinen oder am Gefieder eines Wasservogels, bei diesem Wurm nicht oder höchstens einmal in einem Ausnahmefall möglich ist; also muß sie Gewässer als Wanderstraße benutzt haben. Nun sind unsere fließenden Gewässer aber in ihren Hauptteilen wegen ihrer hohen, stark schwankenden Temperatur heute für die Alpenplanarie nicht bewohnbar: also müssen die Wanderungen vor sich gegangen sein zu einer Zeit, in der sie kälter gewesen sind und in ihrer ganzen Ausdehnung günstige Lebensstätten für *Pl. alpina* boten, d. h. zur Eiszeit und während der ersten, kalten Perioden der Nacheiszeit. Als sich die nordischen Gletscher wieder über die Ostsee — damals ein kaltes Eismeer, das Yoldiameer — zurückgezogen hatten, wanderte *Planaria alpina* aus Mitteldeutschland, wo sie während der Eiszeit weit verbreitet war, den Oderlauf benutzend gen Norden und erreichte vom alten Mündungsgebiet der Oder aus (zwischen Rügen und Bornholm, die beide in jener Zeit mit dem Kontinente landfest verbunden waren) die damals der Oder zufließenden Bäche Jasmunds. *Planaria alpina* ist also auf Rügen ein Relikt der Yoldiazeit. Noch in jener ersten, kalten Nacheiszeit drang — wohl aus Südwesteuropa — die etwas weniger kaltstenotherme *Polycelis cornuta* in unsere fließenden Gewässer ein und folgte *Planaria alpina* auf dem Fuße, als diese sich beim Wärmerwerden des Klimas immer mehr in die Gebirge und Oberläufe der Bäche und die Quellen zurückzog. Weshalb dieser Wurm nicht nach Jasmund gekommen ist, wissen wir nicht. Einbürgerungsversuche im Steinbachtal bei Saßnitz bringen hoffentlich die Lösung dieses Problems. Der dritte Bachstrudelwurm, *Planaria gonocephala,* hat erst in historischer Zeit seinen Eroberungszug in unseren Bächen und Flüssen beendet; da aber war Rügen schon vom Festland getrennt, und so hat er Jasmund nicht besiedeln können. Daß er in den Bächen dort aber günstige Lebensverhältnisse findet, zeigt der Erfolg eines 1906 und 1907 im Tribberbach (südwestlich von Saßnitz) vorgenommenen Einsatzexperiments: *Planaria gonocephala* bevölkert heute im Park von Dwasieden den ganzen Tribberbach bis zur Ostsee!

Während das „Eiszeitrelikt" *Planaria alpina* sich in den Quellen und gleichmäßig temperierten Bachteilen Jasmunds seit der frühesten kalten Nacheiszeit erhalten hat, weil es dort Zuflucht vor den hohen Sommertemperaturen der Gegenwart fand, gehören zur Quellfauna anderseits auch sogenannte wärmeliebende Tiere, die die im allgemeinen niedrigen Wintertemperaturen Norddeutschlands scheuen und sich daher hier an und in die Quellen zurückgezogen haben, weil an diesen Stellen auch im Winter die Temperatur nicht oder nur wenig unter die Jahresdurchschnittstemperatur der Luft sinkt.

Kurz bevor vom Nordende des Saßnitzer Strandes der Fußweg an den Blockhäusern in den Wald hinaufführt, rieselt eine kleine Quelle über eine Kreidewand hinab. Hier lebt in großen Mengen eine kleine Schnecke, *Lauria cylindracea* (Abbildung S. 82), eine südwestliche Art, „die von den ozeanischen Ländern Europas (Großbritannien, Belgien, Frankreich, Portugal) über die europäischen und nordafrikanischen Ränder des Mittelmeeres bis Kleinasien und Kaukasien verbreitet ist"; in Südtirol und im Rheinland lebt sie an trockenen, warmen Orten. Aus den Ostseeländern wird sie von einzelnen Punkten angegeben (bis Litauen); wo sie bisher in Norddeutschland gefunden wurde (Schleswig-Holstein, Mecklenburg), handelte es sich um Quellen, an und in denen das Tier lebt. Fossil tritt *Lauria* außerdem auf in Quellkalken Schleswig-Holsteins und auf Gotland; und zwar sind es hier Ablagerungen aus jener nacheiszeitlichen Periode, die wärmer und trockener als die Gegenwart war (Bronzezeit). Augenscheinlich war in

Fig. 2. Moosschraubenschnecke.
(Lauria cylindracae) Natürliche Höhe 4 mm.

jener Zeit diese Schnecke — wie auch andere Tiere — auch im Norden allgemein verbreitet; sie hat sich hier nur an einzelnen, besonders günstigen Lebensstätten erhalten können, eben den Quellen, und hier ist aus dem ursprünglichen Bewohner trockener, warmer Oertlichkeiten fast ein Wassertier geworden. So mischen sich in der Quellfauna Rügens „Kältetiere" aus den ersten Postglazialperioden mit Formen, die zur Zeit des postglazialen Wärmemaximums ihre größte Verbreitung hatten.

Wie für *Planaria alpina* schon betont, ging die Besiedelung der Jasmundbäche von dem alten Oderlauf aus. Aber als nun im Beginn der jüngeren Steinzeit die Litorinasenkung einsetzte, die Rügen vom Festland trennte, gerieten die nach Osten fließenden Bäche Jasmunds — von Stubbenkammer bis zum Lenzerbach — in den Bereich der zerstörenden Wirkung der Brandung, sie verloren, wie wir aus ihren heutigen Gefällsverhältnissen schließen können, große Teile ihrer Unterläufe; dieser Verlust beträgt z. B. beim Kollickerbach über einen Kilometer, beim Lenzerbach einen halben Kilometer. Diese mächtigen Küstenzerstörungen halten auch in der Gegenwart noch an, wie man z. B. am Wissower Bach sehen kann. Anders beim Steinbach, der von

Norden kommend, in Saßnitz mündet. Hier, an der von Nordosten nach Südwesten gerichteten Küstenstrecke, fanden keine solchen Uferzerstörungen statt; auch der Unterlauf des Steinbachs zeigt keinerlei Störungen. Und diese Verschiedenheit zwischen Steinbachgebiet und den Bächen des Ostufers von Jasmund prägt sich auch in der Wassertierwelt aus: im Steinbachgebiet eine an Individuen- und Artenzahl viel reichere Besiedelung als in den übrigen Bächen und Quellen. Auch in solchen relativ beschränkten Gebieten prägt sich die Geschichte des Lebensraumes in der Zusammensetzung seiner Lebewelt aus.

* * *

Wer sich näher für die hier behandelten Probleme interessiert, die die Bäche und Quellen Jasmunds und ihre Tierwelt bieten, sei verwiesen auf eine Veröffentlichung Georg Petersens Hydrogeologische Studien auf Jasmund (Archiv für Hydrobiologie XVI) und einige Arbeiten des Verfassers dieser Skizze (1.) *Planaria alpina* auf Rügen und die Eiszeit. 10. Jahresbericht der Geograph. Gesellschaft Greifswald 1906. (2.) Die Tierwelt der kalten Bäche und Quellen auf Rügen. Mitteilungen der Naturwiss. Ver. f. Neuvorpommern u. Rügen 38. 1907. (3.) Hydrobiologische Untersuchungen an den kalten Quellen der Halbinsel Jasmund auf Rügen (wird 1926 im Archiv für Hydrobiologie erscheinen).

Rügens Wirtschaft einst und jetzt
von Hugo Tillmann.

Die Wirtschaftsentwicklung Rügens ist das Ergebnis des Gegeneinanderwirkens von wirtschaftsfördernden und -hemmenden Kräften, die im Wandel der Jahrhunderte von verschiedenem Gewichte gewesen sind. Die Lage der Insel in unmittelbarer Nähe des nordostdeutschen Festlandes und am südlichen Gestade des ruhigen nördlichen Binnenmeeres, das schon in der Frühzeit von den kleinen Fahrzeugen der nördlichen Seefahrer belebt wurde, hat Rügen frühzeitig am internationalen Güteraustausch teilnehmen lassen. Aber ebenso wie den Handelsfahrten war es auch den fremden Kriegszügen ausgesetzt. Die natürliche Geschlossenheit und die mäßige Gebietsausdehnung verhalfen dem Inselland schon früh zu politischer Einheitlichkeit und gaben den herrschenden Geschlechtern die Leitung der wirtschaftlichen Angelegenheiten in die Hände. Die Wirtschaftsentwicklung hatte nur ziemlich eng begrenzte Möglichkeiten. Das gilt zunächst hinsichtlich der Mannigfaltigkeit der Erwerbsquellen des Bodens und der umliegenden Gewässer; es gilt teilweise jedoch auch von ihrer Ergiebigkeit. Rügens Boden ist erdgeschichtlich jung und ohne Erzlagerstätten; Bergbau und Industrien, die darauf aufbauen könnten, fehlen daher fast ganz. Der landwirtschaftliche Kulturboden ist in allen Fruchtbarkeitsstufen vertreten. Wo Geschiebelehm- und Mergelschichten sich ausbreiten, ist er von hoher Fruchtbarkeit. Dort aber, wo noch heute das Spiel von Wellen und Winden Dünenhügel aufwirft, ist er so gut wie steril. Hinzu kommt die Ungunst der klimatischen Wachstumsbedingungen der nördlichen Lage. Die Winter sind früh und streng: Rügen liegt jenseits der Weingrenze. So ist es in der Vorzeit noch viel weiter als heute mit Buchen- und Eichenwäldern bewachsen gewesen. Das belegt schon der wendische Name für die Insel Hiddensoe: Yellant, was Hirschland bedeutet.

Jedoch scheinen zwischen den Waldstücken schon in der Urzeit ausgedehntere, fruchtbare Grasflächen die Besiedelung erleichtert zu haben. Denn Rügen ist eines der ältesten germanischen Kulturgebiete. Die ursprünglichen, nordischen Einwanderer fanden in den Feuersteinen, an denen die Kreideschichten Rügens so reich sind, ein ihren erst wenig entwickelten technischen Fähigkeiten gut entsprechendes Material vor. Aus Feuersteinen und Knochen schufen sie sich Waffen und Werkzeuge mannigfaltigster Art, die ihnen den Betrieb von Landwirtschaft, Jagd und Fischerei ermöglichten. Vielleicht nutzten sie auch schon die Honig- und Wachsvorräte der Waldbienen von Stubbenkammer, dessen Name von Stubnitz = „Waldungen mit vielen Bienenhöhlen" abgeleitet sein soll. Der hoch entwickelte Kunstsinn der Inselgermanen bildete ferner aus Bernstein, Muscheln und Tierzähnen reizvolle Schmuckstücke. Diese steinzeitliche Blüte des Gewerbe- und Kunstfleißes wurde die Grundlage für einen weitreichenden Handel mit Feuersteingeräten und rückwirkend für die Bereicherung Rügens. Es war damals ein Kulturzentrum und eine Wirtschaftsmacht. Zeugen der dichten Besiedelung und der steinzeitlichen Kulturentfaltung sind die sehr zahlreichen Hünengräber auf Rügen, Zeugen dafür sind ferner die vielen Tausend Feuersteingeräte, die der Reisende im Provinzialmuseum für Neuvorpommern und Rügen im Stralsunder Rathaus bewundern kann.

Mit dem Aufkommen der Bronzeverarbeitung etwa um 1500 v. Chr. erlebte Rügen seine erste große Wirtschaftskrisis. Denn im Gegensatz zu dem steinzeitlichen Reichtum an natürlichen Hilfsstoffen fehlten die Grundstoffe der Bronzeherstellung, Kupfer und Zinn, auf der Insel gänzlich. Sie selbst oder die fertigen Bronzegeräte mußten teuer von außerhalb eingehandelt werden. Ebenso verhielt es sich später mit dem Eisen, und vielleicht kann man darin den Grund erblicken, warum das Eisen erst im ersten nachchristlichen Jahrhundert auf Rügen bekannt geworden ist.

Die natürliche Einheit der Insel drängte geradezu auf ein einheitliches politisches Gemeinwesen hin. Dementsprechend treten schon früh in der Geschichte starke und selbständige Inselfürsten hervor, die sogar auf das Festland übergriffen. So ist Stralsund in der Wendenzeit von einem Rügenschen Fürsten gegründet worden, indem zwei durch Pallisaden und Sümpfe geschützte Wallburgen auf einem Doppelhügel errichtet wurden. Es war eine ausgesprochene Verkehrsschutzsiedlung, denn es liegt an der besten Uebergangsstelle nach Rügen, dort, wo zwei wichtige Handelsstraßen von Mecklenburg und Pommern her einmünden. Auch über die offene Ostsee hin stand Rügen in der Wendenzeit, die vom 4. bis zum 12. Jahrhundert reichte, im Verkehr. Zeugnis davon legt der mehrfach vorkommende Ortsname Vitte ab; denn so wurden von den Wenden Oertlichkeiten an der Küste benannt, wo sich fremde Kaufleute und Fischer zur Zeit des Fischfangs vorübergehend mit ihren Schiffen aufhielten. Auf internationale Beziehungen deutet auch der 1872 aufgefundene, berühmte Goldschmuck von Hiddensoe hin, der im 10. Jahrhundert in Skandinavien hergestellt worden ist. Ungeprägtes Gold und Silber kam damals bei den Wenden als Tauschmittel vor, eigene Münzen dagegen noch nicht. An Geldes Stelle waren kleine, netzartig gewobene Tücher in Menge vorhanden, was Helmold in seiner Slawenchronik ausdrücklich von den Ranen auf Rügen bestätigt. Die Kaufkraft eines solchen leinenen Tuches war im 9. Jahrhundert gleich einem Huhn oder Weizen für einen Mann auf drei Tage.[1]) Als zu Beginn des 12. Jahrhunderts Rügen vom Fürsten Tetzlaw und seinen Brüdern Jaromar und Stoislaw beherrscht wurde, verwilderte der Verkehr. Die Ranen, so hießen die wendischen Bewohner von Rügen, mehrten ihre Raubzüge in die umliegenden christlichen Länder und vor allem in das Gebiet der Dänen. In den folgenden Dänenkriegen wurden sie mehrfach überwunden und 1165 den Dänen sogar lehnspflichtig; dennoch fielen sie zwei Jahre später während des Dänenkönigs Waldemar Zug gegen Norwegen verheerend in Dänemark ein. Die Folge war ein gründliches Strafgericht, das 1182 mit der

---

[1]) E. O. Schulze: Die Kolonisierung und Germanisierung der Gebiete zwischen Saale und Elbe. Leipzig 1896, S. 34 und 37.

völligen Unterwerfung und Christianisierung der Insel endete. Schon 1193 wurde das Nonnenkloster in Bergen gegründet. Damit beginnt eine neue Epoche in der Geschichte der Insel und ihrer Wirtschaft.

Die langen Kriege und Zerstörungen hatten die Insel entvölkert und ihren alten Wohlstand vernichtet. Die einst so blühende Produktion war zerstört, nur die Produktivkräfte waren geblieben. Um sie rasch und intensiv auszunutzen, zog Fürst Jaromar deutsche Siedler heran; denn sie waren in der Technik der Bodenbearbeitung fortgeschrittener als die Wenden und ließen von ihren höheren Roherträgen auch höhere Steuererträge erwarten. So wird es leicht verständlich, warum es der Fürst Witzlaw I. von Rügen in einer Urkunde vom Jahre 1221 als ein Unglück bezeichnet, das Gott verhüten möge *(si vero sinistro casu, quod deus avertat...)*, wenn etwa die deutschen Kolonisten wieder von Slawen verdrängt würden.[1]

Zur Fortführung ihres Kolonisierungswerkes zogen die Landesherrn Zisterziensermönche ins Land. „Es dürfte kaum ein Land geben," sagt J. W i m m e r in seiner Geschichte des deutschen Bodens, S. 121, „welches auf kleinem Raum soviel Zisterzienserstiftungen aufzuweisen hätte, wie das der Inselfürsten von Rügen. Planmäßig verteilen sie sich über das Gebiet der Insel sowohl wie der anliegenden pommerschen Küste." Den Anfang machte Fürst Jaromar II. von Putbus, indem er dem 1199 gegründeten Zisterzienserkloster Eldena bei Greifswald die südöstliche Halbinsel Rügens schenkte. Die Mönche setzten von der bereits 1240 eingenommenen Insel Kos herüber und nahmen die wendischen Landstriche Reddevitz und Zickerniß ein. Ihre Zone reichte nördlich bis an den alten Befestigungsgraben etwa einen Kilometer südlich vom Witten Stieg, der hinfort der Mönchgraben hieß. „Man hat wahrscheinlich gemacht, daß sie dort Kolonisten aus dem Paderbornischen ansiedelten und diese das Land ausbauen ließen. Der heutige Name

---

[1] E. O. Schulze: a. a. O., S. 167, Anm. 2 und S. 304, Anm. 1.

der Halbinsel „Mönkgut" und der ihres Hauptortes Middelhagen erinnert noch an die kolonisierenden Mönche von Eldena" (Wimmer, S. 122). Auch in der entgegengesetzten Ecke Rügens sind Zisterzienser tätig gewesen. Sie wurden durch Witzlaw II., der 1282 das dänische Joch abschüttelte und sein Land vom Kaiser Rudolf zu Lehen nahm, angesetzt. Ihr Mutterkloster war Neuencamp, das 1231 als Filiale des niederrheinischen Klosters Camp bei der heutigen Stadt Franzburg errichtet worden war. Hiddensoe wurde der Sitz der Neugründung. Die Insel war damals noch zum Teil bewaldet und für Holznutzung und als Schweinemastweide geeignet, aber ein Paradies für den Landwirtschaftsbetrieb war sie keineswegs. Für die Gründung waren denn auch Handels- und Schiffahrtsinteressen maßgebend. „Hiddensoe war der Schlüssel zu der zur Zeit seiner Gründung noch einzigen Meereseinfahrt in die Binnengewässer zwischen dem Festland und Rügen, zu den neugegründeten Handelsplätzen Stralsund und Greifswald." (Israel, S. 9.) Die Gründungsurkunde des Fürsten Witzlaw II. ist datiert vom 13. April 1296. Darin wird dem Kloster Neuencamp übereignet: „die ganze Insel Hyddensee in ihren natürlichen, vom Meere gebildeten Grenzen zum Bau einer Abtei, die, abweichend vom Brauche des Ordens, nicht der Maria, sondern dem Patrone der Seefahrer gewidmet, den Namen *„abbacia St. Nicolai"* führen sollte. Zur ersten Fundierung des neuen Klosters wird außer dem freien, uneingeschränkten Eigentum an der Insel *„cum pleno judico majore et minore"* der Abtei das ausschließliche Fischereirecht in den Gewässern zwischen Rügen und der Insel, sowie das Eigentum an dem gegenüber auf dem Festlande *„supra Bore"*, oberhalb des heutigen Borhövt, gelegenen Dorfe Tzarrencin, frei von Nachmessung, übereignet" (Israel, S. 10). Die Abtei ist bei dem heutigen Dorf Kloster erbaut worden. Als Siedler haben die Mönche Westfalen und Friesen herangeführt. Daher bestehen noch heute Aehnlichkeiten der Trachten zwischen den Bewohnern von Hiddensoe und dem Mönchgut. Im Laufe der Zeit hat das Kloster Besitzungen auf ganz Rügen und dem gegenüberliegenden Festlande erworben. Mit Stralsund tat es sich schon zu Anfang des 14. Jahrhunderts zusammen, um im Interesse der Schiffahrt auf der Südspitze des Gellen einen Leuchtturm zu errichten und zu unterhalten. Daneben wurde ein Fremdenhaus erbaut.

Im Jahre 1325, nach dem Tode Witzlaws III., kam Rügen an die Herzöge von Pommern-Wolgast. Daher hat die Insel unmittelbar an dem Bund der Hansa nicht teilgenommen. Doch auch sie hat ihren Anteil an den großen und kleinen Fehden und Streitigkeiten jener Zeiten gehabt. Bezeichnend dafür ist die Sage, welche dem berüchtigten Seeräuber Klaus Störtebeker einen Unterschlupf mit Schatzkammer in den Felsen von Stubbenkammer zuweist.[1])

Rügen wurde im ganzen von den Fehden jener Zeit nur wenig in Mitleidenschaft gezogen; seit der Mitte des 14. Jahrhunderts ist es nur 1504 und 1511 mit größeren Kriegsfahrten überzogen worden. Daher hat sich Rügens Wirtschaftsleben ruhig entwickeln und die Bauernschaft in ihrer freien Stellung sich erhalten können. Doch es bahnten sich bereits damals Entwicklungen an, welche die Bauernschaft in zwei Gruppen trennten.

Ein großer Teil der Bauern hatte sich seine Freiheit und Selbstverwaltung noch bewahrt. Sie sind es, von denen der pommersche Chronist Thomas Kantzow um 1540 schreibt[2]): „Die Bauern stehen in diesem Lande wohl da und sind reich; denn sie haben nur bescheidenen Zins und Dienste, und darüber tun sie nichts; und die meisten tun gar keine Dienste, sondern geben Geld dafür, daher es kommt, daß die Bauern sich als frei erachten und dem gemeinen Adel nicht nachgeben wollen. Darin werden sie dadurch um so mehr bestärkt, als oft ein armer Edelmann einem reichen Bauern seine Tochter gibt und die Kinder sich darnach für halbedel halten."

---

[1]) Koppmann: Der Seeräuber Klaus Störtebeker in Geschichte und Sage. Hansische Geschichtsblätter, 1877, S. 55.
[2]) Zitiert nach Fuchs, S. 48.

Die zweite Gruppe umfaßt die B a u e r n d e s
A d e l s. Sie sind schlechter dran und bereits dem
Niedergang des Bauerntums verfallen. Diese verhängnisvolle Entwicklung hat sich ganz langsam und
unmerklich durchgesetzt. Sie hatte damit begonnen,
daß die Landesherrn, da sie ihre Kriegshändel nur
mit der Hilfe ihrer Lehnsleute durchfechten konnten, ihren Vasallen ein Zugeständnis nach dem
anderen machen mußten, um sie bei Laune zu erhalten. Neben der Bede und Rechten auf Dienste,
die früher nur dem Landesherrn zugestanden hatten,
erhielten sie vor allem die hohe Gerichtsbarkeit über
ihre Hintersassen. Damit waren die Bauern des
Adels gänzlich ihrer Grundherrschaft in die Hände
gegeben, zumal diese auch ein unbedingtes Aufkaufungsrecht mit Kündigung auf Jahr und Tag
sich verschafft hatte für den Fall, daß der Grundherr das Bauernland für sich oder seine Kinder
nötig hatte. Das war ein bequemes Mittel des
Bauernlegens. „Aus dieser Gerichtsherrlichkeit der
Grundherrschaft entwickelten sich nunmehr aber
bald die Anfänge einer Erbuntertänigkeit und
Schollenpflichtigkeit, d. h. einer persönlichen Gebundenheit des Bauern." (Fuchs, S. 260/61.)

Auch für die Gruppe der Bauern, die sich frei
erhalten hatten, begann im Reformationszeitalter der
gleiche Prozeß. Hierzu lieferte wie auch sonst in
Deutschland den Anlaß die Fortbildung der reinen
G r u n d herrschaft zur G u t s herrschaft. Mit dem
Aufkommen der Söldnerheere gerieten die Lehnsdienste in Verfall und die Lehnsträger gaben das
Kriegshandwerk auf und wurden Gutsbesitzer.
Daraus erwuchs bei ihnen das doppelte Bedürfnis:
einmal sich einen vernünftigen Gutsbetrieb zu verschaffen, d. h. ihren Besitz zu arrondieren, und
zweitens sich die nötigen Arbeitskräfte zu sichern.
Aehnlich wandelten sich die Interessen der Landesherren. Ihnen wuchs durch die Säkularisierungen der
Klöster (1535 und 1536) ein ganz erheblicher Landbesitz zu. Durch Kauf und Tausch suchten auch sie
ihren Besitz abzurunden. Auch sie waren durch die
allgemeine Steigerung der Lebenshaltung und der
Luxusbedürfnisse sowie durch die Senkung der Kauf-

kraft des Geldes gezwungen, ihre Güter besser zu bewirtschaften. Die Erlangung von mehr Land und von vermehrten Dienstleistungen wurde begünstigt durch die Aufnahme des römischen Rechts.

Es stand mit dem alten deutschen Bauernrecht in Widerstreit. „Das geteilte Eigentum war dem römischen Rechte ursprünglich ganz fremd, es machte also einfach aus dem Obereigentum des Gutsherrn ein volles Eigentum, aus dem Untereigentum des Bauern eine *„superficies cum jure ususfructus"*. Ja noch mehr . . . . Auch die Erbuntertänigkeit, die „Bauernpflicht", die aus der Gerichtsherrlichkeit der Gutsherrschaft und der Dienstpflicht des Bauern sich entwickelt hatte, wurde konstruiert nach den Rechtsnormen, die für den *servus* und *glebae adscriptus* des römischen Rechts bestanden. Und da man doch erkannte, daß diese nur für das wirtschaftliche Leben des Bauern zutrafen, nicht für seine persönliche Rechtsfähigkeit, in der er offenbar dem Freien gleich war, so entstand aus dieser Verschmelzung das juristische Unding der „Leibeigenschaft" (Fuchs, S. 262/63). Die Folgen waren nun: Einziehung von Bauernstellen, deren Inhaber zu landlosen Arbeitern oder zu eigentumslosen Zeitpächtern herabgedrückt wurden, sowie Vermehrung der Hand- und Gespanndienste der verbliebenen Bauern.

Diese Vorgänge erfolgten natürlich nicht mit einem Schlage; sie füllen fast drei Jahrhunderte aus. Eine wesentliche Förderung erfuhren sie jedoch durch das große nationale Unglück des 30jährigen Krieges. Seine Wirkungen gehen für Rügen nach zwei Richtungen. Unmittelbar wurde der alte Wohlstand besonders durch die wilde Soldateska des kaiserlichen Obersten Götze 1628 zerstört; selbst die alten Klostergebäude wurden eingeäschert und die Reste des alten Eichenwaldes auf Hiddensoe niedergebrannt. Aber verderblicher und nachhaltiger war die unmittelbare Wirkung: der Uebergang Rügens und Neuvorpommerns an die Herrschaft Schwedens im Westfälischen Frieden. Der verhängnisvollste Akt der schwedischen Regierung war die allgemeine Erneuerung der pommerschen B a u e r n o r d -

nung von 1616, die ursprünglich für Rügen weder gedacht war, noch auf seine Verhältnisse paßte. „Dieser gesetzgeberische Akt war nichts anderes als ein Irrtum, die Anwendung der Bauernordnung auf diese Verhältnisse ein Unrecht", das ist das zusammenfassende Urteil von C. J. Fuchs, des Erforschers der Agrarverfassung Rügens. Dieses Unrecht wirkte sich erst recht aus, als im 18. Jahrhundert der Landwirtschaftsbetrieb intensiver wurde. In anderen Ländern, allen voran Preußen, sind damals Bauernschutzgesetze erlassen worden; die schwedische Verwaltung versäumte das und erlebte so eine Entwicklung ad absurdum, an der auch die 1806 erfolgende Aufhebung der Leibeigenschaft nichts mehr ändern konnte. Die Folge davon ist, daß Rügen, wie überhaupt der Regierungsbezirk Stralsund den größten Anteil des Großgrundbesitzes am landwirtschaftlichen Boden besitzt. Man hat auch auf Rügen versucht, diese ungesunde Bodenbesitzverteilung durch Parzellierungen und Neugründungen von Dörfern zu korrigieren, ohne jedoch eine wesentliche Umgestaltung zu erreichen.

In dem rein agrarischen Rügen hatte in der eben besprochenen Periode das Gewerbe nur eine untergeordnete Bedeutung. Hervorhebung verdient nur die vorübergehende Gewinnung des blauen Tons von Hiddensoe, den Joachim Ulrich von Giese, nachdem er 1753 die Insel gekauft hatte, graben, an Ort und Stelle reinigen und zur F a y e n c e h e r s t e l l u n g in seine Fabrik zu Stralsund bringen ließ. Die Fabrik ging jedoch 1791 wieder ein, und die Tongruben stürzten zusammen. Von dauernder Bedeutung ist für Rügen jedoch der Fremdenverkehr und B a d e b e t r i e b geworden. Das erste Seebad auf Rügen ist 1815 durch den Fürsten Malte von Putbus bei Neuendorf-Lauterbach gegründet worden. Er ließ auch drei Jahre später das herrliche Friedrich-Wilhelms-Bad erbauen. Der Fremdenverkehr hat natürlich stark zugenommen, seitdem die Insel durch Dampfschiffe und Eisenbahnen erreichbar und erschlossen wurde. Der Einfluß des Fremdenverkehrs auf Rügens Wirtschaft ist jedoch erst im 20. Jahrhundert stärker bemerkbar geworden. Im

19. Jahrhundert hatte Rügen seine höchste Bevölkerungsziffer in den sechziger Jahren (1864: 47 147), und noch von 1895 bis 1900 erlitt es eine Bevölkerungsabnahme von 468 Personen oder 1 Proz. seiner Bevölkerung. Jetzt zählt die Bevölkerung über 50 000 Seelen.

Ueber die Erwerbstätigkeit der Bewohner stehen uns bisher nur erst die Zahlen von 1907 zur Verfügung. Danach waren hauptberuflich erwerbstätig 24 563 Personen, und zwar 17 019 Männer und 7544 Frauen. Nebenberuflich waren außerdem erwerbstätig 5128 Männer und 3617 Frauen. Fast die Hälfte aller Erwerbstätigen entfiel auf die Gruppe Land- und Forstwirtschaft sowie Fischerei. 69,5 Prozent der landwirtschaftlich genutzten Fläche entfallen auf die Großbetriebe von 100 und mehr Hektar; das ist einer der Gründe für die überraschend dünne Besiedlung Rügens. Technisch stehen die Rügenschen Großbetriebe allerdings auf einer hohen Stufe, da eine ganze Reihe von Zuchtwirtschaften sich darunter befinden. Die Güter haben im Durchschnitt auch die höchsten Grundsteuerreinerträge vom Acker- wie vom Weideland aufzuweisen. Diese steigen bis auf 54 Mark je Hektar in Altenkirchen und Bohlendorf auf der Halbinsel Wittow, die hinsichtlich Fruchtbarkeit obenansteht. Ihr kommen auf Jasmund die Bezirke Ranzow und Marlow, Borchtitz und Vorwerk bei Sagard nahe. Auch der Zudar und weite Teile des westlichen Rügens sind von hoher Fruchtbarkeit. Dort, wo Sandboden herrscht, ist die Fruchtbarkeit entsprechend herabgedrückt: Weideland wie im Südteil Hiddensoes oder Wald dehnen sich dort aus. Die Waldungen gehören teils dem Großgrundbesitz, teils dem preußischen Staat (Stubnitz, Mönchgut, Mölln-Medow, der Gelm und der Bug).

Der zweite bedeutende Produktionszweig Rügens ist die Fischerei. Sie gliedert sich in See- und Küstenfischerei einerseits und in Binnen- (Bodden-) fischerei anderseits. Diese wird besonders im Sommer, jene im Frühjahr und Herbst betrieben. Wie die Statistik erweist, ist vor dem Kriege die

Zahl der in der Fischerei erwerbstätigen Personen zurückgegangen. Das wird auf eine Reihe ungünstiger Umstände zurückgeführt, an denen Rügens Fischerei krankte. Sie konnte als vorwiegend Küstenfischerei nicht den Fischzügen auf hoher See folgen und war daher mit unsicheren Erträgen und einem großen Risiko belastet; sodann wurde über den Mangel an sicheren Zufluchts- und Absatzhäfen viel geklagt. Befriedigend war in dieser Beziehung nur der neue Hafen von Saßnitz. Die Fänge wurden in Stralsund oder in Greifswald und Köslin, die ausgedehnte Räuchereien und Fischkonservenfabriken besitzen, abgesetzt. Der wichtigste Betriebszweig der Fischerei ist die Heringsfischerei. Ihrer wirtschaftlichen Struktur nach gehört Rügens Fischerei völlig dem Kleinbetrieb und dementsprechend dem Eigenbetrieb an. Von den in der See- und Küstenfischerei gewerbstätigen 695 Personen (1907) sind nur 103 Arbeiter, die sich auf 533 Haupt- und 79 Nebenbetriebe verteilen. In der Binnenfischerei sind die Zahlen entsprechend mit dem einzigen Unterschied, daß die Zahl der Nebenbetriebe viel größer ist. Da hier die Hauptarbeit in den Sommer fällt, der arbeitsstilleren Zeit in der Landwirtschaft, so kann jeder Fischer sich hier auch auf seinen Feldern beschäftigen, sei es nun im Neben- oder Hauptberuf.

Das eigentliche G e w e r b e l e b e n Rügens ist den geschilderten Haupterwerbszweigen des Landes, der Landwirtschaft, Fischerei und dem Fremdenverkehr durchaus dienstbar. Eine selbständige Stellung hat nur die K r e i d e g e w i n n u n g. In ihr wurden 1907 24 Kalk- und Kreidebrüche mit 350 gewerbetätigen Personen, darunter 325 Arbeiter, gezählt. „Die Kreide tritt zutage im Osten Rügens zwischen Lohme und Saßnitz, in dem Hügelgelände bei Sagard, ferner auf Arkona und endlich im Süden der Insel in der Nähe von Garz." Sie wird in zahlreichen Brüchen abgebaut und in den daneben errichteten Schlämmereien zu Schlämmkreide verarbeitet. — Nach der Zahl der Erwerbstätigen würde das G a s t w i r t s g e w e r b e noch vor der Fischerei zu stehen haben. Seine Besonderheit ist, daß die

Frauen sowohl im Haupt- wie im Nebenberuf darin weit überwiegen und daß die Zahlen der Angehörigen darin sehr gering sind. — Schließlich mag noch erwähnt werden, daß die Zahl der auf Rügen lebenden Rentner und Pensionäre ungefähr 3 Prozent seiner Bevölkerung ausmacht.

* * *

Literatur.

C. J. Fuchs: Der Untergang des Bauernstandes und das Aufkommen der Gutsherrschaften. Nach archivalischen Quellen aus Neu-Vorpommern und Rügen. Straßburg 1888.

Max Israel: Die Insel „Hiddensoie" und das Zisterzienserkloster daselbst. In „Hansische Geschichtsblätter", Bd. VII (1894),.

Robert Krause: Volksdichte und Siedelungsverhältnisse der Insel Rügen. Im „VIII. Jahresbericht der Geographischen Gesellschaft" zu Greifswald, 1903.

Paul Schneider: Die Insel Rügen, Braunschweig 1920. (Ein allgemein einführendes Heimatbuch).

Griebens Reiseführer, Bd. 65, Die Insel Rügen.

Die Kunst auf Rügen
von Dr. Hans Engel.

Allgemeiner Ueberblick.

Nicht jeder, der aus Freude an der Natur und aus Liebe zur See die Insel Rügen besucht, wird wissen, daß ihn hier und dort, oft versteckt, oft auch manchem Kunstfreund bekannt, Schönheiten menschlichen Kunstschaffens erwarten, daß er zwischen großen Natureindrücken auch freudig Kunstwerke vergangener Zeiten wird genießen können. Zu viel allerdings darf er sich nicht versprechen; die Anzahl der Orte, an denen man Bauten findet, und die Reichhaltigkeit ihrer Einrichtungen bleibt im Vergleich zu anderen benachbarten Inseln, wie z. B. Gotland, recht bescheiden; aber für den Besucher der See, den ruhigen Wanderer und den aufmerksamen Beobachter kann jede dieser Stellen eine schöne Abwechselung, einen willkommenen Fund bedeuten. Zu viel zu erwarten wäre ja auch bei der geringen Anzahl der Städte auf Rügen unbegründet, und man darf nicht vergessen, daß in den Schwedenkriegen durch Brand und mutwillige Zerstörung noch manches Bauwerk zugrunde gegangen ist.

Von Interesse wäre es sicherlich, wenn man hier die den alten Bauten, Bildern und Figuren anhaftenden Eigenarten festlegen könnte, wenn man gleichsam den typisch Rügenschen Charakter — sofern ein solcher überhaupt vorhanden ist — aussprechen, wenn man die unterscheidenden Merkmale der Kunst auf Rügen in Worte fassen könnte.

Um gleich diese Hoffnung zu ersticken, sei gesagt, daß (reichte selbst das erhaltene Kunstgut zu einer lückenlosen Kenntnis der Kunstgeschichte Rügens aus) dies ein unmögliches Beginnen wäre. Jeder, der weiß, wie schwer die Festlegung der Stileigentümlichkeiten Pommerns innerhalb des Nordostdeutschen ist, wird diese Unmöglichkeit begreifen und auch zu erklären vermögen.

Die Kunst auf Rügen ist in ihrem Stilcharakter der des übrigen Nordostdeutschlands ziemlich ähnlich. Ihre Eigenart ist gleich der der Landesbewohner: still und sicher, und niemals hat sie im übrigen Deutschland große Aufmerksamkeit gefunden. Als F. Kugler im Jahre 1840 zum ersten Male die systematische Bearbeitung der Kunst in Pommern übertragen bekommt, schreibt er, seine Reise habe förmlich den Charakter einer Entdeckungsreise, und er betont immer wieder: „Wann hat man je von einer Pommerschen Kunst gehört!" Doch seine ersten Aufzeichnungen über die vorgefundenen Bauten sind erstaunlich vielfältig und interessant. Er meint auch: „Der Reichtum meiner Notizen schien mir endlich zu bedeutend, als daß es zweckmäßig gewesen wäre, sie als bloßes Verzeichnis nach den Lokalen geordnet auszuarbeiten." Er weiß dann in seinen folgenden, langen Abhandlungen aus der wechselreichen Geschichte des Landes mehrfach sogar künstlerisch interessierte Persönlichkeiten zu nennen, die von früher Zeit an den Namen der Insel Rügen in Deutschland rühmlich bekannt machten. So am Ende des 13. Jahrhunderts den Fürsten Witzlaw den Jungen von Rügen, einen bekannten Minnesänger und Dichter, und wenig später Johann von Gristow, einen Verwandten des Rügenschen Fürstenhauses. Am meisten Klang hat heute der Name des Freiheitsdichters Ernst Moritz Arndt, der im Dorfe Schoritz bei Garz geboren, mit seiner kraftvollen, dichterischen Eigenart ein rechter Sohn der Insel ist.

Mit der Landung der Dänen auf Rügen, um die Insel zu unterwerfen und zu kolonisieren, tritt das Land zum ersten Male in historisches Licht.

In erbittertem Kampfe um seine Selbständigkeit hat es dann seine letzten Kräfte geopfert, und ordnete sich endlich besiegt und zum Christentum bekehrt, willenlos der dänischen Herrschaft unter. Was wir von Kulturdokumenten auf Rügen aus der Zeit vor seiner Bekehrung (dem Jahre 1167) erhalten haben, und was wir von dem Leben und von den Gewohnheiten seiner Einwohner wissen, ist nur wenig. Die beste Quelle ist uns noch Tacitus, der von den eigenartig heidnischen Sitten und dem grausamen Dienste, den die Einwohner Rügens der

Göttin Hertha verrichteten, viel zu erzählen weiß. Auf der Insel selber erinnern nur die großen Ringwälle von Arcona und Karenza (dem jetzigen Garz), an diese Zeit, und hier und dort begegnet man auch noch zeitlich nicht näher zu bestimmenden Hünengräbern.

Als dann die neuen Herren des Landes festen Fuß auf der Insel faßten, mußten sie ihre Macht durch Anlage von Burgen und Befestigungen sichern, und dies noch um so mehr, als ihr Besitz vom ersten Tage an von den neidischen Nachbarn nicht unangefochten blieb. Schon 1177 hören wir, wird die Insel zwischen den Bistümern Roskild und Schwerin geteilt, und 1211 werden dann die Grenzen verschiedener Streitigkeiten wegen vom Kaiser neu bestimmt. Aus dieser Zeit stammen die heute vom Erdboden verschwundenen Burgen von Putbus und Garz, wie auch die verschiedentlich noch stückweise erhaltenen Ringmauern der kleineren Orte. Als schließlich 1325 der letzte Erbe des einheimischen Fürstenhauses ausstirbt, fällt die Insel an die Herzöge von Pommern-Wolgast, die mit einigen Unterbrechungen bis zu dem Westfälischen Frieden, in dem das Land an Schweden abgetreten wurde, Herren des Landes waren. Erst seit 1815 gehört Rügen endgültig zu Preußen.

Dem Fischer, der von jeher nur seinem Beruf nachging, der in unermüdlicher Arbeit um sein Fortkommen stündlich sein Leben auf dem Meere aufs Spiel setzen mußte, ging der Sinn für schmuckvolle Kleidung, für die reiche Ausgestaltung seiner Wohnung und für gefälliges Aussehen seines Hauses ganz ab. Nur wenig anders lag es bei den Bewohnern der Städte und Orte im Inneren Rügens, die von Ackerbau, Viehzucht und Weberei lebten, noch bis in den Anfang des neunzehnten Jahrhunderts. Erst durch den Fremdenzustrom wurde ihre Eitelkeit stärker geweckt und sie bereicherten damals zusehends ihre Trachten an Farben und Formen. Die markantesten unter ihnen sind die Trachten der Einwohner der Halbinsel Mönchgut, die abweichend von der übrigen Kleidung der Inselbewohner von jeher größere Phantasie in ihrer Bekleidung entwickelten. Man erkennt die Männer gleich an dem schwarzen knopfreichen Jackett und an den weiten, weißen oder schwarzen Fischerhosen, die sie über mehrere Beinkleider zu tragen pflegen. Die Frauen dagegen tragen spitze Hauben mit Bändern, hinten herabfallend und meist noch einen Strohhut darüber. Ein schwarzes Mieder und bunte Einsätze mit Bändern geschnürt, ferner abstehende, krinolinenartige Röcke und bunte, meist blaue oder rote Strümpfe bilden ihre weitere Bekleidung, wozu hier sogar die in der Volkskleidung sonst seltenen hohen Absätze gehören. Stellt man sich nun noch die dazu passenden weißen oder bunten Umschlagetücher vor, die über der Brust geknotet werden, so kann man sich von dem anmutigen Aussehen dieser Trachten eine Vorstellung machen. Eigenartig ist noch die Sitte, die Bräute durch das Tragen von blauen, seidenen Schürzen kenntlich zu machen.

Hierin erschöpft sich die Fantasie und der Kunstfleiß der Masse der Bevölkerung. Kunstgewerbliche Arbeit, Volkskunst im eigentlichen Sinne des Wortes, waren hier unbekannt und die Schuld daran trägt wohl das Fehlen einer jeden Anregung von außen. Durch Rügen führt keine vielbegangene Verkehrsstraße, kein Weg verbindet kulturreiche Städte des Festlandes mit anderen künstlerisch regsamen Gegenden. Kein Wettbewerb der Nachbarn, keine wetteifernde Eitelkeit regte das Volk zu künstlerischem Tun an und Fremde, die das Land betraten, kamen nur in kriegerischer, kulturvernichtender Absicht. So blieben einmal gegebene künstlerische Anregungen in gleicher Form und nur wenig abgewandelt auf Rügen wirksam, und sie hielten sich bis zum Vordringen neuer Kunde von der Fortentwicklung der Formen im übrigen Deutschland. So ist es auch zu erklären, daß an den Bauten Pommerns gemessen manche kleine Kirche, manche Schmuckform altertümlich, überholt auf Rügen erscheint.

Die Geschichte der Insel oder vielmehr die Geschichte ihrer Kultur beginnt erst kurz vor 1200, als nach der gewaltsamen Bekehrung der Einwohner zum Christentum der Rügenfürst Germar I., angeregt durch das Vorbild der Herzöge von Pommern, im Jahre 1193 das erste Kloster in Bergen gründete. Das Kloster wurde erst mit Benediktinerinnen, die aus Dänemark kamen, besiedelt, und war der Jungfrau Maria geweiht. In der Mitte des dreizehnten Jahrhunderts nahmen die Nonnen Zisterzienser-Kult an. Noch heute ist es der bedeutendste und größte romanische Bau auf Rügen und einer der frühesten Ziegelbauten ganz Norddeutschlands. In der äußeren Form und der Art der Anlage dagegen entspricht es den Festlandsgründungen durchaus.

Von den gleichen Baumeistern, so kann man aus der übereinstimmenden Formgebung schließen, sind auch die nur wenig jüngeren Ziegelbauten in Altenkirchen und Schaprode errichtet, die, in den Einzelheiten noch besser erhalten, uns die Vorstellung von dem ursprünglichen Bau in Bergen erleichtern.

Von dieser Zeit an bleibt auf Rügen eine künstlerisch durchaus selbständige Kunstentwicklung spürbar, nur hat sie in allen Jahrhunderten keinen Namen von großem Klang, keine Künstlerpersönlichkeit gezeigt, die durch überragendes Können uns einen Begriff von der Kunst auf Rügen gegeben hätte. So kommt es, daß ebenso wie es 1840 mit dem Wissen von der Kunst in Pommern stand, so heute mit der Kunst auf Rügen: Wann hat man je von einer Rügenschen Kunst gehört!

Aus der Kenntnis der Gesamtheit der erhaltenen Architekturen, Malereien und Bildwerke auf Rügen gewinnt man aber doch noch genügend Anhaltspunkte, um sich von dem Verlauf der Entwicklung, den künstlerischen Fähigkeiten der Bevölkerung und der Stellung ihrer Kunst zu der des übrigen Deutschland eine klare Vorstellung zu machen. Dabei muß man zweierlei berücksichtigen. Zum ersten liegt dem Nord- und Ostdeutschen überhaupt künstlerische Betätigung ferner als dem viel mehr optisch eingestellten Süddeutschen. Das gilt in

Das Theater in Putbus.
Nach einem Stich aus dem Jahre 1831.

verstärktem Maße von dem Anwohner der Küste und noch mehr von der Inselbevölkerung. Zweckmäßigkeit ist ihm erstes und letztes Gebot, und die Anforderungen des Auges an Farbe und Form ordnen sich den praktischen Notwendigkeiten stets unter. Ferner muß man bedenken, daß die wirtschaftliche Lage niemals Zeit zu außerberuflicher Betätigung ließ, daß Dienste für Kirche und Luxus der Bevölkerung fremd waren, daß sie sie an der Ausübung ihrer täglichen Pflichten nur hinderte und ihnen den an sich schon schweren Kampf um ihr Fortkommen erschwerte.

So kommt es, daß selbst an den größeren Orten Kult- und Profanbauten auffallend klein sind, daß ihre Ausstattung nicht reichlich ist und daß die in Süddeutschland so überaus gern angewandte schmückende Bauornamentik oft gänzlich fehlt. Aber genau gesehen, entdeckt man dieselbe Gründlichkeit, die schon das Wesen des Pommern ausmachte, auch in seiner Kunst. Jede Bauform ist struktiv sehr durchdacht, jede Farbe auf ihren Stimmungswert abgewogen und jede plastische Form zwingend richtig. Selbst hier siegt der feste Wille zum Werk und läßt sich weder durch fremde Einflüsse, noch durch die Zartheit des Objektes in seinem Grundcharakter abbiegen.

Man übersieht schnell, wann auf Rügen die künstlerisch produktivsten Zeiten gewesen sind, wann Kunstwollen und Möglichkeit den Weg zur Formung freigaben.

Die Kirchenbauten sind in ihrer Mehrzahl spätgotischer Entstehung. Als Material findet man meist den gebrannten Ziegel, der den anfänglich auf dem Festlande viel verwendeten Granit gänzlich verdrängt und ihn nur hier und da als festen Unterbau zuläßt. So klein die Kirchen auch sind, so haben sie alle jenes ausgesprochen starke Empfinden für Raumproportionen, für Gliederung und Rhythmus durch Säule und Pfeiler, und meist geben sie selbst in dem oft ganz schlichten Außenbau dieser Eigenart Ausdruck.

Allgemeiner Ueberblick

Das alte Badehaus in Putbus.
Nach einem Stich aus dem Jahre 1836.

Reicher gestaltet ist die Ausstattung der Kirchen, die besonders seit Anfang des 16. Jahrhunderts in Schnitzereien und Flügelaltären besteht. Die Vorliebe für diese Kunstgattung ist auffallend und aus ihr sind Werke von großem Reiz und von starker künstlerischer Qualität geschaffen worden.

Während des ganzen 17. Jahrhunderts verbot sich durch die anhaltenden Kriege, die das Land schwer heimsuchten, jede Kunsttätigkeit von selber; ja noch mehr, alle handwerkliche Tradition, jeder künstlerische Ehrgeiz schlief ein, sodaß es im 18. Jahrhundert, der Zeit, in der in ganz Deutschland die regste Bautätigkeit entfaltet wurde, fremde Architekten und Künstler berufen werden mußten, um dem wachsenden Bedürfnis nach Kirchen, Wohnbauten und nach ihrer Innenausstattung gerecht zu werden. Fast auf jedem Orte in Rügen findet man heute noch Kunstwerke aus dieser Zeit, und man kann daran ermessen, wie das Land damals anfing, sich von den schweren Schlägen des Krieges und von den Städte und Ortschaften verwüstenden Sturmfluten zu erholen.

Seine eigentliche Entwicklung zu dem, was uns Rügen heute bedeutet, nimmt die Insel erst im Anfang des vorigen Jahrhunderts. Es liegt im Charakter romantischer Malerei begründet, mit ihrer Vorliebe für felsige Landschaft, für See und sonnenbeschienene Ufer, daß die Maler sich nach Gegenden wie gerade Rügen hingezogen fühlten, nach dieser von der Natur so malerisch ausgestalteten Insel, in der sie reichlich Stoff für ihre farbenfrohen Pinsel fanden. Die Felsen von Stubbenkammer, der steinige Strand von Saßnitz finden sich auf vielen Gemälden des 19. Jahrhunderts, und noch heute gibt es auf Rügen Orte, wie die kleine Insel Vilm oder Göhren, die im Sommer fast nur von Malern aufgesucht werden.

Gleichzeitig entstehen damals in Deutschland dem französischen Muster folgend die Badeorte und die Anlage von Badehäusern, Theatern und schloßartigen Besitzungen in solchen von der Natur bevorzugten Gegenden. So kommt es, daß der Aufschwung, den die Insel Rügen plötzlich nimmt, durch den einsetzenden Fremdenverkehr einen beschleunigten Verlauf bekommen mußte, daß in wenigen Jahren sich an einst armseligen Orten Gebäude an Gebäude reihte. Die Folge war natürlich wachsender Wohlstand der Bevölkerung, die plötzlich neben dem mühseligen Fischereigewerbe ein ganz neues Betätigungsfeld findet, und bald sieht man, wie schnell sich die Insel auf ihren neuen Beruf eingestellt hat.

Den Anfang zu dieser Entwicklung halfen die einheimischen Fürsten vorbereiten, die in Bergen, Putbus und Granitz sich um diese Zeit ihre Schlösser vergrößern oder neue errichten ließen. Die ersten Anlagen waren auf Fundamenten ehemaliger Burgen im Anfang des 18. Jahrhunderts gebaut worden und wurden schon im Laufe dieses Jahrhunderts vielfach durch Brand und Sturmfluten schwer heimgesucht. Als dann Fremde aus allen Teilen der Welt an der malerischen Lage und den Schönheiten der Insel anfingen Gefallen zu finden, sind sie die ersten Bauherren, die große Architekten zum Ausbau und zum Neubau von ganzen Anlagen berufen. So sieht man das ganze 19. Jahrhundert hindurch die rege Bautätigkeit an Jagdschlössern, Brunnenhäusern und Theatern, bei denen der Architekt Friedrich Schinkel am stärksten beteiligt ist. Aufblühende Gemeinden beginnen, durch Anlage neuer Promenadenwege, Kurgärten und bequemer Spaziergänge für die Behaglichkeit ihrer Gäste Sorge zu tragen. Heute ist Rügen die malerische Insel der vielen Seebäder, und die Kulturdenkmale früherer Jahrhunderte treten gänzlich hinter den neu entdeckten Reizen zurück.

Alphabetisches Ortsverzeichnis.

Altefähr. Die schon 1294 gegründete K i r c h e ist heute durch ihre Veränderung und teilweise Neuerrichtung in spät-gotischer Zeit kaum mehr als romanischer Bau kenntlich. Durch die Verwendung zu militärischen Zwecken in den Jahren 1807 und 1813 hat der Bau stark gelitten. Es ist eine langgestreckte, einschiffige Kirche mit rechteckig geschlossenem Chor und einem Altar aus dem Jahre 1746.

Altenkirchen. Die D o r f k i r c h e ist der älteste, gut erhaltene Ziegelbau Rügens und entstammt in seinen frühesten Teilen dem Anfang des 13. Jahrhunderts. Schon im Außenbau erkennt man den ungewöhnlichen Formenreichtum der Kirche, der sich in Verwendung von verzierten, glasierten und vielfältig gepreßten Ziegeln zu erkennen gibt. Während der Unterbau aus Feldsteinen gefügt ist, bauen sich Chor und Langhaus ganz aus Ziegeln auf. Am Aeußeren interessiert ferner ein als Götzenbild gedeutetes Granitrelief, einen Mann mit Schnurrbart darstellend.

Bergen. Die S t . - M a r i e n k i r c h e, die schon 1193 mit Benediktinerinnen aus Roeskilde aus Seeland besetzt war, ist der größte und älteste Klosterbau Rügens. Die ehemaligen Holzdecken, die, wie man an den Ausmalungen der Wände noch erkennen kann, auch mit Figuren geschmückt waren, sind leider nicht mehr erhalten und wurden in gotischer Zeit durch Kreuzgewölbe ersetzt. Hübsche Zierformen an Kapitälen und Basen geben zusammen mit geschickt gearbeiteten Rundbogenfriesen dem Aussen- wie dem Innenbau ein gefälliges Gepräge. Nach dem Brande von 1445 wurden besonders die Chorteile erweitert und die ganz niedergebrannten Klostergebäude neu errichtet. Die erwähnten Wandgemälde, die einzigen auf ganz Rügen aus spätromanischer Zeit, enthalten in Streifenanordnung Szenen aus dem alten und neuen Testament. Auffallend reich ist die Sakristei der Kirche an alten wertvollen Kleinodien. Aus romanischer Zeit stammt ein silberner, stark vergoldeter Kelch mit reichen Glasflußsteinen und Perlen, ferner interessieren zwei Altarleuchter des 17. Jahrhunderts und aus gleicher Zeit mehrere andere silberne Kannen und Kelche. In der Kirche findet man Grabplatten, meist dem 15. Jahrhundert entstammend, mit eingeritzter Figurendarstellung.

Bessin. Eine spät-gotische K a p e l l e, beinahe achteckig in ihrer Form, aus Ziegeln gemauert und durch vorgeblendete Kalksteinplatten im Sockel aufgebaut, macht von außen einen schmucklosen Eindruck. Auch im Innern ist außer einem guten Kruzifixus kein Stück von Interesse erhalten.

Bobbin. Die schon 1246 erwähnte K i r c h e wurde in spät-gotischer Zeit gänzlich erneuert. Der rechtwinklig geschlossene Chor, das nur kurze Langhaus und der hohe Turm wirken im Stadtbild recht malerisch, um so mehr, als im Außenbau, besonders am Chor, reichliche Verwendung von glasierten Friesen und Rosetten den Bau schmücken. Ein hübscher Altaraufsatz aus dem Jahre 1668, zwei Altarleuchter und Grabplatten vom 14. Jahrhundert an interessieren im Innern, ebenso die gut gearbeitete frühbarocke Kanzel aus dem Jahre 1662 und mehrere Silberarbeiten in der Sakristei.

Garz. Die Bartholomaei - Kapelle, die St. Jürglen-Kapelle, die Heilige-Geist-Kapelle und die Marienkapelle, die uns in alten Chroniken überliefert werden, sind alle durch Brand zugrunde gegangen. Einzig die dem Heiligen Petrus geweihte K i r c h e steht noch aufrecht. Es ist eine auf Fundamenten und Resten eines Granitbaues errichtete Ziegelkirche mit auffallend langem Chor und einem weiträumigen, mit Sterngewölben überdeckten Langhaus. Die Ausstattung der Kirche, wie die Kanzel und der Altaraufsatz, gehören dem beginnenden 18. Jahrhundert an, während der Taufstein aus Granit noch aus der romanischen Epoche stammt.

An der Südseite der Stadt liegt der alte Burg- und Tempel-Wall *Charenza*, das größte und älteste Denkmal dieser Art auf Rügen, einst Stätte der Verehrung heidnischer Götter. Im Jahre 1168 wurde an Stelle der Götzentempel eine christliche Kapelle unter dem Namen der „St. Marienkirche auf dem Walle" aufgeführt. Jetzt ist von dieser keine Spur mehr zu finden.

Gingst. Die K i r c h e ist ein einfacher, in den Chorteilen noch frühgotischer Bau mit spätgotischem Langhause und einer spitzbogigen Eingangstür, hier aus Backsteinen ausgeführt. Der Westturm, ebenfalls spätgotisch, hat eine hölzerne Turmspitze mit einer schön geschweiften Haube. Grabplatten und Altaraufsatz mit einem Gemälde von Bernhard Rode schmücken das Innere. Eine bis 1739 auf dem Marktplatz stehende S t e i n w a n g e zur Erinnerung an einen erschlagenen Geistlichen, steht jetzt auf dem Kirchhof.

Granitz. Das J a g d s c h l o s s, das schon 1726 erbaut wurde, mußte im Jahre 1813 nach mancherlei Zerstörung erneuert werden und wurde in gotischem Stile umgebaut. Dann, in den Jahren 1835 bis 1846, lieferte Schinkel Pläne zum Umbau, der ihm die heutige Gestalt mit einem schönen Mittelturm und vier Ecktürmen an den zwei Seitenflügeln gab. Das Jagdschloß birgt u. a. eine interessante Geweihsammlung und diente der fürstlichen Familie als Herbstwohnung.

Groß-Zicker. An dem kleinen, spätgotischen Ziegelbau der K i r c h e interessieren nur die auf Rügen seltenen Glasfenster, von denen hier 17 Scheiben in den Chorfenstern aus dem Ende des 16. Jahrhunderts vorhanden sind.

Gustow. Als frühgotischer Ziegelbau mit rechteckigem Chor und Kreuzgewölben erhebt sich die K i r c h e auf einem Unterbau aus Granit. Die spitzbogigen Friese, die um den Chor herumlaufen, sind aus glasierten Ziegeln. Von der Ausstattung bemerkenswert ist die Holzfigur einer Anna Selbdritt, ein Kruzifixus und eine auf Rügen häufige Steinwange aus dem Jahre 1510 zum Gedächtnis eines Geistlichen. Die gotischen Grabplatten mit den Wappen mehrerer Stralsunder Familien stammen aus der Zeit vor 1500.

Kasnevitz. Eine unbedeutende Backsteinkirche der Spätgotik birgt einige wenige Glasgemälde des 16. und 18. Jahrhunderts.

Landow. Die Kirche, ein einfacher gotischer Ziegelbau mit angebauter Sakristei hat einen auf fünf Seiten des Zehnecks geschlossenen Chor. Neben einzelnen hübschen Holzfiguren im Innern fällt ein silberner Kelch mit feinen Reliefs auf, in dem man eine Arbeit des 15. Jahrhunderts erkennt.

Lancken. Durch seine guten Raumverhältnisse und anmutige Lage fällt die Dorfkirche, ein sonst schmuckloser Ziegelbau des fünfzehnten Jahrhunderts auf. Der quadratische, später angebaute Westturm, sowie die Anbauten der Sakristei und am Chor vergrößern nur den Reiz des Ganzen. Eine Altardecke aus dem Jahre 1649 und eine sehr kunstvolle Arbeit in Stickerei, ebenfalls aus dem siebzehnten Jahrhundert, ferner gut geschnitztes Chorgestühl aus dem Jahre 1522 gehören zu dem Kirchenschatze. Die Kanzel von 1598 trägt die Familienwappen der Putbus und ist mit guten Malereien aus dieser Zeit geschmückt.

Middelhagen. Die spätgotische, um 1500 als Ziegelbau entstandene Dorfkirche ist im Aeußeren ohne Interesse. Sehenswert ist nur in ihr der Altarschrein aus der gleichen Zeit mit Bilderflügeln und der Figur der heiligen Katharina im Mittelfelde. Ferner ist die barocke Decke mit Stichkappen nach den Fenstern hübsch dem Raume angepaßt.

Neuenkirchen. Die Kirche, ein spätgotischer Bau ohne weitere Schmuckformen, hat, wie alte Chroniken berichten, durch einen Sturm 1652 seinen Turm verloren. Künstlerisch wertvoll in ihr ist ein Sandsteinepitaph, den Gekreuzigten zwischen zwei knieenden Gestalten darstellend, aus dem Jahre

1646. Das Chorgestühl aus Eichenholz, aus der gleichen Zeit, und einige Glasgemälde sind von nicht allzu großer Bedeutung. Die Kanzel mit ihren guten geschnitzten Kapitälen und Füllungen aus dem Jahre 1581 ist eine der hübschesten der Insel.

Patzig. Die Dorfkirche, ein gotischer Ziegelbau mit guten Gewölben und Turm, birgt einen Altar mit der Darstellung der Margaretha und 12 heiligen Gestalten zu ihrer Seite. Ferner findet sich in der Kirche ein romanischer Taufstein und eine Grabplatte aus der Mitte des vierzehnten Jahrhunderts.

Poseritz. Die kleine dreijochige Kirche stammt aus der Zeit um 1400 und interessiert nur durch ihre Ausstattung. Davon sind zu nennen ein Altaraufsatz mit Holzschnitzerei und Bildwerk in der Mitte aus der Zeit nach 1700, ferner einzelne gotische Grabplatten und ein silberner Kelch im Kirchenschatz. Der Westturm, der sich über den vier Giebeln des Schiffes erhebt, wird von einem Holzhelm überhöht.

Putbus. Der sehenswerteste Ort von ganz Rügen ist der 1810 vom Fürsten Malte angelegte Flecken Putbus. Schon seit 1416 wird ein Schloß genannt, das 1725 gänzlich neu aufgeführt wird. Die jetzige Gestalt verdankt der Bau dem Oberbaudirektor Schinkel, der es in den Jahren 1827—1833 völlig umgestaltete, und dem Regierungsbaumeister Pavelt, der in den Jahren 1867 das teilweise niedergebrannte Gebäude wieder herrichtete. Der 75 m langen Front mit den gewaltigen Säulen und dem schönen Marmorstandbild des Fürsten Malte, von Drake, vor ihr, entsprechen auf der Hinterseite großartige blumengeschmückte Terrassenbauten. Im Innern des Schlosses befinden sich reiche Altertümer- und Gemäldesammlungen, ferner mehrere interessante Marmorarbeiten von Thorwaldsen und anderen Bildhauern des 19. Jahrhunderts. Der übersichtlich angelegte Ort besitzt aus der Zeit seiner Gründung noch mehrere schöne Gebäude, wie das Theater und das Pädagogium.

Rambin. Es ist nur eine kleine, teils aus frühgotischer, teils aus späterer Zeit stammende D o r f k i r c h e in reinem Ziegelbau, die hier steht, turmlos und ohne weiteren Schmuck. Die Emporen, die 1600 eingezogen wurden, sind gut, wenn auch nicht reich gearbeitet.. Einzelne gute Grabplatten und ein Taufstein aus romanischer Zeit schmücken das Innere.

Rappin. Der kleine gotische Ziegelbau der K i r c h e mit Vorhalle und Strebewerk auf der Westseite besitzt im Innern kleine Glasscheiben des 17. Jahrhunderts, einen Altaraufsatz des Jahres 1669 und Grabplatten des 17. Jahrhunderts. Auffällig reich ist die Sakristei an silbernen Meßkelchen und Leuchtern des 15. und 17. Jahrhunderts. Eine schöne Arbeit ist ferner der gotische Taufstein in der südlichen Vorhalle.

Sagard. Von dem ehemals vorhandenen spätromanischen Backsteinbau der K i r c h e stehen heute noch Teile der Umfassungswände, die in spätgotischer Zeit erweitert und teilweise mit gotischen Bogenfriesen überzogen wurden. Zu gleicher Zeit wurde auch der ursprüngliche Chor, da er schon zu klein geworden war, abgebrochen und durch einen größeren, fünfseitig gebrochenen ersetzt. Im 18. Jahrhundert wurde ferner das ganze südliche Seitenschiff hinzugefügt und das Gebäude durchgehend erneuert. Von Interesse sind die gut gearbeiteten Grabsteine von 1613 und 1623 und das mit Ornamenten geschmückte Taufbecken aus getriebenem Messing.

Samtens. Eine der üblichen spätgotischen K i r c h e n von nur geringen Ausmaßen und ohne viel Schmuck, enthält einige gut gearbeitete Grabsteine des 16. Jahrhunderts.

Schaprode. Die D o r f k i r c h e ist eine der schönsten spätromanischen Ziegelbauten Rügens mit gut erhaltenem Außenbau und reich an ornamentalen Friesen und glasierten Formziegeln. Die gute Kreuzigungsgruppe aus spätgotischer Zeit im Innern sowie die alten Wappenscheiben aus dem 17. Jahrhundert geben dem Raum ein malerisches Aussehen. Einzelne Grabsteine, ferner eine Kanzel, der Altar und der Tauftisch aus dem 18. Jahrhundert schmücken das Innere. Am Eingang des Dorfes befindet sich eine spätgotische S t e i n w a n g e mit der Darstellung des Gekreuzigten auf jeder Seite, Wappen und Schrift in der Mitte.

Swantow. Der ganze Bau der K i r c h e in der Spätgotik als Ziegelbau aufgeführt, ist in seiner Einfachheit ohne Interesse. In der Sakristei wird ein fein gearbeiteter silberner Kelch mit gotischem Ornament aus dem Jahre 1502 aufbewahrt.

Trent. Die spätgotische, ganz im Ziegelbau errichtete K a t h a r i n e n k i r c h e hat eine Vorhalle im Unterbau des Turmes und mehrere hübsche Grabsteine im Innern. Der Altar aus korinthischen Säulen, mit feinem Aufsatze geschnitzt, stammt aus dem Jahre 1752. Die Wandmalereien, in einer Nische neben dem Altar, sind trotz ihrer nicht übermäßig feinen Ausführung doch bemerkenswert.

Vilmnitz. Der einfache, aber in der Raumdurchbildung auffallend gute frühgotische Ziegelbau der K i r c h e, wurde im Langhaus spätgotisch erweitert. Der ebenfalls spätgotische Turm hat eine hübsche Eingangstür und eine Turmspitze aus dem 17. Jahrhundert. Bemerkenswert ist der Altaraufsatz mit der Darstellung des Abendmahls, einer Kreuzigungsgruppe und der Auferstehung und Himmelfahrt Christi; er wurde 1603, wie eine Inschrift auf ihm besagt, von der Familie Putbus gestiftet. Mehrere alte Grabplatten dieser Familie aus dem 16. Jahrhundert sind im Inneren an den Wänden verteilt.

Waase. In der kleinen spätgotischen D o r f k i r c h e interessiert der große, 1618 aus Stralsund überführte Schreinaltar aus dem Ende des 15. Jahrhunderts. Die Darstellung sowie der Stil des Altares lassen auf fremde Herkunft schließen, da z. B. die hier dargestellte Geschichte des Heiligen Thomas von Canterbury sonst nicht in Deutschland vorkommt. Der spätgotische Kronleuchter aus

Messingguß mit der Figur Marias in der Mitte ist eine feine, beachtenswerte Arbeit.

Wiek. Die Kirche, besonders breit in der Anlage, ist außen wie in den Raumverhältnissen schmucklos. Im Innern befinden sich mehrere, nicht uninteressante Holzbildwerke aus dem 15. Jahrhundert und ein Altaraufsatz des 18. Jahrhunderts. In der Sakristei wird ein schöner, silbergetriebener Kelch aus dem Jahre 1624 gezeigt.

Zirkow. An der spätgotischen Kirche ist nur das auf Rügen seltene Orgelgehäuse, ebenfalls aus spätgotischer Zeit, von Interesse, das allerdings, heute an Ort und Stelle durch ein neues ersetzt, im Speicher der Kirche aufbewahrt wird.

Alphabetisches Register.

Aal 69.
Acer platanoides 55.
— pseudoplatanus 55.
Ackerknautie 63.
Adler 72.
Adoxa moschatellina 57.
Akelei 58.
Aländer 70.
Almöve 70.
Alpenplanarie 79.
Alt. Bessin 14. 17. 19.
Altefähr 106.
Altenkirchen 106.
Altertum der Erde 12.
Ammophila arenaria 62.
Ananchytes 32.
Anchusa officinalis 63.
Anemone nemorosa 57.
— ranunculoides 57.
Anguilla vulgaris 69.
Anser anser 73.
— tadorna 73.
Anthyllis vulneraria 64.
Apfelbaum, wilder 55.
Apium graveolens 61.
Aquilegia vulgaris 58.
Ardea cinerea 71.
Arkona 8. 20. 21.
Asperula odorata 57.
Aspidium dryopteris 58.
— filix mas 58.
— phegopteris 58.
Aster tripolium 60.
Athyrium filix femina 58.
Augentrost 63.
Augustenhof 42.
Auster 32.
Austernfischer 72.

Baabe 37.
Baaber Heide 37. 38.
Bachneunauge 78.
Bäk 70.
Bärlapp 63.
Barsch 71.
Bekassine 72.
Belemniten 32.
Bergaborn 55.
Bergen 42. 106.
Bessin 107.
Bessiner Schaar 15.
Betula pubescens 55.
— verrucosa 55.

Binse 61. 63.
Binz 34. 35.
Birnbaum, wilder, 55.
Birnbäumchen 52.
Bitterklee 59.
Blandow 27.
Blankaal 69.
Blasentang 62.
Bläßhuhn 72.
Blaubeere 59.
Blockriff 17.
Bobbin 25. 26. 107.
Borchtitz 33.
Brachse 70.
Brachvogel 72.
Brandungshohlkehle 28.
Breege 21.
Bronzezeit 85.
Bryozoen 32.
Buche 54.
Buchenfarn 58.
Bug 20.
Buhskamen 38.
Burgen 98.
Bussard 72.

Calluna vulgaris 62.
Canis vulpes 66.
Carex distans 61.
— extenisa 61.
Cervus capreolus 66.
— dama 65.
— elaphus 65.
Chimophila umbellata 53.
Chorda filum 62.
Christianisierung 87.
Cidaris 32.
Cirsium acaule 63.
Comarum palustre 59.
Convallaria majalis 57.
Cornus sanguineus 56.
Corydalis cava 56.
— intermedia 56.
Corylus avellana 56.
Crambe maritima 61.
Cratargus monogina 56.
— oxyacantha 56.
Cratoneuron 77.
Cypripedilum calceolus 58.

Dachs 66.
Daenholm 7.
Dentaria bulbifera 57.

Dieranum scoparium 52.
Diluvialgestein 30.
Diluvium 13. 27. 29. 33.
Distel 63.
Dolge 36.
Dollabner Uferberg 35.
Donnerkeile 32.
Dornbusch 11. 14. 15. 63.
Dranske 20.
Dreschenberg 26.
Drosera intermedia 63.
— rotundifolia 62.
Drossel 67.
Drumlin 14. 15. 26. 46.
Dünen 18.
Dwasieden 25. 26.

Eberesche 55.
Echinoconus 32.
Echium vulgare 63.
Efeu 56.
Eibe 55.
Eiche 54.
Eichenfarn 58.
Eichhörnchen 67.
Einbeere 57.
Eiszeit 13.
Elymus arenarius 62.
Empetrun nigrum 59.
Endmoräne 14. 26. 33. 35. 42. 46.
Engelsüß 59.
Entendorn 20.
Entenjagd 74.
Eozän 45.
Equisetum maximum 59.
Erica tetralix 62.
Eriophorum angustifolium 62.
Eryngium maritimum 61.
Erythrosea linariifolia 60.
Euphrasia gracilis 63.
Evonymus europaeus 56.

Fagus silvatica 54.
Farne 58.
Fasan 67.
Faulbaum 56.
Fayencen, Stralsunder 19. 92.
Festuca distans 61.
Feuerstein 22. 28. 32. 34.
Fichte 51.
Fichtenspargel 53.
Findlingsblöcke 13. 14. 33.
Fischerei 93.
Fischotter 71.
Fischreiher 71.
Flunder 68.

Foraminiferen 32.
Forellen 78.
Forstwirtschaft 93.
Frauenschuh 58.
Fremdenverkehr 92. 105.
Fuchs 66.
Fucus vesiculosus 62.

Gagelstrauch 59.
Gans 72.
Gänsefüßchen 61.
Garnnetz 68.
Garz 43. 107.
Geißblock 56.
Gellen 14. 17. 18.
Geller Haken 15.
Gellort 21.
Geschiebemergel 15. 16. 20. 27. 39.
Gingst 43. 108.
Glasschmalz 61.
Glaux maritima 61.
Glockenheide 62.
Glowe 24. 25.
Goehren 38. 39.
Goor 21. 22. 23. 47.
Granitz 8. 35. 108.
Granitzer Ort 36.
Gräser 61. 62.
Grasmücke 67.
Graugans 73.
Greifswalder Bodden 7.
Greifswalder Oie, s. Oie.
Greiskraut 60.
Großer Strand 37. 39.
Groß-Zicker 39. 108.
Grundmoräne 13. 41. 46.
Grundwasser 18.
Gryphaea vesicularis 37.
Güldenkraut 60.
Gustow 108.

Habichtskraut 63.
Haliaetus albicilla 72.
Halophyten 60.
Hängebirke 55.
Hankenufer 27.
Hartriegel 56.
Haselnuß 56.
Hecht 70. 71.
Hedera belix 56.
Heidekraut 62.
Heidelbeere 53.
Helm 62.
Helosciadium inundatum 63.
Hepatica triloba 56.
Hering 68. 69.

Alphabetisches Register

Hertaburg 26.
Hertasee 26.
Hiddensoe 7. 14. 60. 62.
Hieracium umbellatum 64.
Himmelsschlüssel 57.
Hippophaë rhomnoides 15. 63.
Hirsch 65.
Hohltaube 67.
Höllgrund 27.
Hopfen 56.
Hornfisch 70.
Hucke 15. 16. 63.
Hülse 34. 51. 52.
Hülsenkrug 33. 34.
Humulus lupulus 56.
Hünengräber 33.
Hypnum Schreberi 52.

Idunagrund 39.
Ilex aquifolium 51.
Iltis 67.
Impatiens noli tangere 58.

Jaromarsburg 22.
Jasmund 22.
Juncus Gerardi 61.
— maritimus 61.
— squarrosus 63.
Juniperus communis 51.
Jura 12.

Kampfläufer 72.
Kaninchen 66.
Karkensee 19.
Kasnewitz 109.
Kiefer 51. 63.
Kirchenbau 100. 102. 104.
Kirkenort 39.
Kloster 64.
Knautia arvensis 63.
Knurrhahn 70.
Kollickerbach 26.
Königshörn 27.
Königskerze 64.
Koosdorf 27.
Kormoran 71.
Krähe 72.
Krähenbeere 59.
Krähenfußwegerich 60.
Krampas 33.
Kreide 20. 21. 27. 28. 31. 32. 33. 94.
Kreidezeit 12. 44.
Kreuzdorn 56.
Kriewitz 27.
Kubitzer Bodden 7.

Lachs 70.
Lancken 109.
Landow 43. 109.
Landwirtschaft 93.
Lathraea squammaria 57.
Lathyrus maritimus 62.
Laubsänger 67.
Lauria cylindracea 81.
Lauterbach 42.
Leberblümchen 56.
Ledum palustre 59.
Leibeigenschaft 91.
Lepus cunicubus 66.
Lerchensporn 56.
Lietzow 33. 34. 71.
Linde 54.
Linnaea Borealis 53.
Litorinazeit 46.
Lobber Ort 36. 39.
Lobber Schaar 39.
Lohme 26. 27.
Lonicera periclymenum 56.
Lutra vulgaris 71.
Luttkevitz 23.
Lycopodium inundatum 63.

Maifisch 70.
Maiglöckchen 57.
Majanthenum bifolium 53. 57.
Meerkohl 61.
Meersaite 62.
Meerstrandwegerich 60.
Mehlbeere 64.
Meles taxus 66.
Menyanthes trifoliata 59.
Mergus merganser 73.
Merrus serrator 73.
Middelhagen 109.
Milchkraut 61.
Milzfarn 58.
Miozän 45.
Mönchgut 8. 10. 37. 66.
Moorbinse 62.
Moorbirke 55.
Moore 26. 36. 43. 59.
Moosbeere 59.
Moose 52. 77.
Moosglöckchen 53.
Moostierchen 32.
Moschuskraut 57.
Mövenort 21.
Möwe 72.
Muhlitz 42.
Myrica gale 59.

Nadelitz 35.
Nardevitz 27.

Natterkopf 63.
Neuendorf 17.
Neuenkirchen 109.
Neumukran 34.
Neunauge 70.
Nipmerow 26.
Nordperd 8. 36. 38.
Nordseetaucher 70.

Ochsenzunge 63.
Oie 7. 40.
Oligozän 45.
Opferstein 33. 38.
Ort, Insel 7.
Oser 14.
Oxalis acetosella 53. 57.

Palmerort 10.
Paris quadrifolia 57.
Patzig 110.
Pfaffenhütlein 56.
Phalacrocorax carbo 71.
Phasianus colchicus 67.
Phoca vitulina 70.
Picea excelsa 51.
Piekberg 26.
Pinus silvestris 51.
Pirola media 52.
— uniflora 52.
Pirus aucuparia 55.
— communis 55.
— malus 55.
Plagiothecium undulatum 52.
Planaria alpina 79. 80. 81.
— gonocephala 80. 81.
Plantagenet-Grund 7.
Plantago coronopus 60.
— maritima 60.
Pleuronectes flesus 69.
— platessa 69.
Plogshagen 19.
Polarseetaucher 70.
Polycelis cornuta 79. 80.
Polygonatum multiflorum 57.
Polypodium vulgare 59.
Polytrichum 59.
Poseritz 110.
Potentilla silvestris 63.
Preißelbeere 53.
Primula alatior 57.
— officinalis 57.
Prora 35.
Prorer Wiek 36.
Prunus avium 55.
— padus 56.
— spinosa 63.
Pulitz 42.

Putbus 65. 66. 110.
Putorius ermineus 67.
— foetidus 67.
— nivalis 67.

Quercus robur 54.
Quitzlaser Ort 36.
Quoltitz 26. 33.

Ralle 72.
Ralswiek 42.
Rambin 111.
Ramischia secunda 52.
Rappin 111.
Rasenbinse 63.
Rassower Strom 20.
Rehwild 66.
Reidervitz 23. 24.
Reuse 68. 69.
Rhammus cathartica 56.
— frangula 56.
Rhynchospora alba 62.
— fusca 62.
Ringeltaube 67.
Rotbuche 54.
Rotschenkel 72.
Rottgans 73.
Rotwild 65.
Ruden 7. 40.
Rugard 8. 42.
Rührmichnichtan 58.
Ruschwitz 27.

Saalriff 36.
Sagard 25. 111.
Sagenstein 33.
Säger 72. 73.
Salicornia herbacea 61.
Salomonissiegel 57.
Salsola Kali 61.
Salzkraut 61.
Samtens 111.
Sanddorn 15. 63.
Sanicula europaea 58.
Saßnitz 25. 33.
Saßnitzer Blumentöpfe 32.
Sauerklee 53. 57.
Schaabe 8. 23. 24.
Schachtelhahn 59.
Schaprode 111.
Schaproder Bodden 7.
Schattenblümchen 53. 57.
Schettreiher 71.
Schlehdorn 63.
Schluckwieksberg 15.
Schmachter See 35. 73.
Schmale Heide 8. 34. 66.

Schnakenwerder 41.
Schneeball 56.
Schnepel 70.
Schoof 73.
Schorre 29.
Schulterberg 15.
Schuppenwur: 57.
Schwan 72. 74.
Schwingel 61.
Scirpus caespitosus 63.
Sciurus vulgaris 67.
Seeadler 72.
Seebulle 70.
Seegras 61.
Seehund 70.
Seeigel 32.
Seggen 61.
Sellerie, wilder, 60.
Sellin 37.
Selliner See 37.
Senecis barbaraeifolius 60.
Senon 12.
Serrator albellus 73.
Siebenstern 53.
Sonnentau 62.
Sorbus suecica 64.
Sphagnum 59.
Spitzahorn 55.
Springkraut 58.
Sprossen 67.
Spyker 33.
Stechpalme 34. 51. 52.
Steinbutt 70.
Steinriff 22. 38. 41.
Steinzeit 85.
Stör 70.
Strandaster 60.
Stranddistel 61.
Strandhafer 62.
Strela-Sund 7.
Stubbenbörn 27.
Stubbenkammer 8. 26.
Suaeda maritima 61.
Südperd 36. 39.
Sumpfblutauge 59.
Sumpfporst 59.
Sus serofa 66.
Swantow 112.

Taucher 72.
Taxus baccata 55.
Tertiär 13. 40. 44.
Thiessow 35. 39.
Thiessower Höft 8.
Thymian 64.

Thymus serpyllum 64.
Ton 16.
Torfmoos 59.
Trent 112.
Trientalis europaea 53.
Tromper Wiek 24.
Tümmler 70.

Uferschnepfe 72.
Ummanz 7.
Urostsee 16.
Urzeit 12.

Vaccinium myrtillus 59.
— oxycoccus 59.
Varnkevitz 21.
Verbascum Thapsus 64.
Versteinerungen 32.
Viburnum opulus 56.
Vilm 7. 40.
Vilmnitz 112.
Vitt 22.
Vitte 18.
Vogelkirsche 55.
Volkstrachten 98. 99.

Waase 112.
Wacholder 51. 63.
Waldfingerkraut 63.
Waldmeister 57.
Wall 25.
Wallberge 14. 43.
Waschstein 33.
Weißdorn 56.
Werder 33.
Widertonmoos 59.
Wiek 113.
Wieker Bodden 20.
Wiesel 67.
Wildschwein 66.
Wintergrün 52.
Winterlieb 53.
Wissower Klinken 31.
Wittow 8. 11. 20. 24.
Wollgras 62.
Wundklee 64.
Wurmfarn 58.

Zander 71.
Zahnwurz 57.
Zeese 69.
Zickerniß 39.
Zirkow 35. 43. 113.
Zostera marina 61.
Zudar 10.
Zwergsäger 73.

Druck:
Canon Deutschland Business Services GmbH
im Auftrag der KNV-Gruppe
Ferdinand-Jühlke-Str. 7
99095 Erfurt